NOTICE HISTORIQUE

SUR

L'HOSPICE

DE BAR-LE-DUC,

Par M. le docteur BAILLOT,

Vice-Président de la Société des Lettres, Sciences et Arts de Bar-le-Duc,
ancien Inspecteur des établissements de bienfaisance de la Meuse

———————

Extrait des Mémoires de cette Société.

BAR-LE-DUC.

CONTANT-LAGUERRE, ÉDITEUR.

—

1877.

NOTICE HISTORIQUE

SUR

L'HOSPICE
DE BAR-LE-DUC,

Par M. le docteur BAILLOT,

Vice-Président de la Société des Lettres, Sciences et Arts de Bar-le-Duc.

Extrait des Mémoires de cette Société.

BAR-LE-DUC.

CONTANT-LAGUERRE, ÉDITEUR.

1876.

NOTICE HISTORIQUE

SUR

L'HOSPICE DE BAR-LE-DUC.

———→•←———

A ville de Bar renferme une population livrée pres-
qu'exclusivement au commerce, à l'industrie et à la
culture de la vigne. Une filature, des fabriques de
toiles de coton, de tricots et de corsets sans couture,
des ateliers de constructions et de machines, deux fonderies,
une fabrique de papier peints, et un atelier de décoration
monumentale y occupent un très-grand nombre de bras. L'aisance en général y est assez répandue : peu de familles jouissent d'une grande fortune ; et, comme dans tous les centres
industriels, beaucoup de familles d'ouvriers sont dans un état
presque voisin de l'indigence ; d'autres enfin, en assez grand
nombre, sont dépourvues de toutes ressources.

D'après un recensement fait en 1872, la population était de
17,177 habitants répartis en 4,722 ménages ; 2,189 personnes
étaient imposées à la contribution personnelle et mobilière,
992 à la contribution personnelle seulement, et sur les 3,500
inscrites au rôle des indigents, 1,800 avaient été secourues,
l'année précédente, par le bureau de bienfaisance.

On comprend, dès lors, que dans une ville où une grande
partie de la population vit, en quelque sorte, au jour le jour,

sans la moindre préoccupation du lendemain, l'assistance se révèle sous les formes les plus variées : société maternelle, secours aux filles-mères, et aux mères par trop indigentes, pour pouvoir allaiter leurs enfants, et leur donner les soins dont ils ont besoin, bureau de bienfaisance, société de Saint-Vincent de Paul, hôpital, hospice, asiles de vieillards, et orphelinat de jeunes filles; et que l'on soit obligé d'y multiplier les secours lorsqu'il survient des moments difficiles, comme ceux qui résultent de l'élévation du prix des denrées de première nécessité, et de la diminution ou de la suspension des travaux.

Des trois établissements de bienfaisance que la ville possédait anciennement : la maison-Dieu ou hôpital Saint-Denis, le Béguinage ou petit couvent et la maison de Charité, il ne reste aujourd'hui que l'hôpital; le Béguinage fut supprimé en 1620, et la maison de Charité en 1791.

L'hôpital, situé aujourd'hui au Nord-Est de la ville, près de l'église Notre-Dame, réunit à ses attributions celles d'un hospice et d'un orphelinat de jeunes filles, et renferme une école départementale d'accouchements. Il est traversé par le ruisseau de Naweton, et occupe une superficie de quatre-vingt-sept ares trente et un centiares. Sa disposition est celle d'un grand carré, au milieu duquel se trouvait, il y a quelques années encore, une vaste cour, plantée d'arbres; elle servait de promenoir aux malades et aux convalescents, mais par un désir d'innovation regrettable, on l'a transformée en un jardin anglais, sans trop se préoccuper du préjudice porté à tous ces malheureux, qui trouvent à peine quelques coins où, pendant les grandes chaleurs de l'été, ils puissent sans danger venir respirer l'air vivifiant de la saison.

Le bâtiment d'entrée se compose, au rez-de-chaussée, de la porte principale, de la loge de la concierge, de trois pièces réservées au service de la pharmacie, d'une petite salle d'attente pour les indigents auxquels le bureau de bienfaisance fait délivrer des médicaments, du bureau de l'administration, de la boulangerie, de quelques aisances et de la salle des morts; au premier, des logements de la concierge, du boulanger et du jardinier, des magasins de la pharmacie, d'un grenier à grains et d'un grenier à farine.

L'aile droite est, pour la plus grande partie, consacrée au service de l'hospice; elle comprend dans le sous-sol, la cuisine et ses dépendances, le réfectoire des sœurs, et les caves; au rez-de-chaussée : la chapelle, le dortoir des sœurs avec onze lits, et deux infirmeries, à leur usage, de deux lits chacune; la chambre de la supérieure, la lingerie, l'ouvroir et le réfectoire des jeunes filles assistées, la salle d'administration et la salle des archives; au premier : cinq chambres pour des pensionnaires, dont deux de quatre lits, et trois d'un lit seulement; deux dortoirs avec trente lits pour les femmes infirmes et une salle qui leur sert de réfectoire et d'ouvroir; et au second : sept chambres pour des pensionnaires d'un lit chacune, un dortoir de trente-six lits pour les jeunes filles assistées, un de onze lits pour les orphelines, et un ouvroir-réfectoire pour ces dernières.

Le pavillon du fond est réservé au service des hommes et des petits garçons faisant partie du personnel de l'hospice. Il se compose : au rez-de-chaussée, de deux salles servant de réfectoire et d'ouvroir, l'une pour les hommes, l'autre pour les petits garçons; au premier : de deux chambres, de deux lits chacune, et d'un dortoir de six lits, pour les vieillards les plus infirmes; et au second, d'un dortoir de quatorze lits, également pour les vieillards, et d'un de huit lits pour les petits garçons.

L'aile gauche, chauffée par deux calorifères, est spécialement destinée au service des malades et de l'école d'accouchements. Le service des hommes dispose : au rez-de-chaussée, d'une salle, pour opérations, avec quatre lits; d'une de neuf lits, pour les blessés, et de deux réfectoires, l'un, pour les malades civils, et l'autre pour les militaires; au premier : de deux salles avec dix-huit lits, pour les fiévreux; de deux chambres de deux lits chacune, pour pensionnaires ou pour des officiers; d'une de quatre lits, pour malades; d'une de quatre lits également, pour les détenus malades, les vénériens,

les psoriques, et les incurables, et d'une pièce de décharge ;
au second : de deux salles avec dix-sept lits, pour les militaires
blessés ; de deux avec dix-huit lits, pour les militaires fiévreux,
et d'une pièce de décharge ; sous les combles : de trois salles,
de dix lits chacune, pour les militaires, dont une pour les vénériens et les psoriques, d'une pièce de décharge et d'un grenier. Celui des femmes, d'une salle de dix lits, pour les blessées,
d'une de huit, pour les malades et les infirmes, d'un réfectoire
et de deux pièces de décharge, au rez-de-chaussée ; d'une salle
de neuf lits, pour les fiévreuses, et d'une pièce de décharge, au
premier ; d'une salle de huit lits, d'une de quatre, et de deux
pièces de décharge, au second ; d'une salle de huit lits pour
les vénériennes et les psoriques, et d'un vaste grenier, sous
les combles ; et celui de l'école d'accouchements : de cinq
salles, dont une d'études, une d'administration, une d'accouchements, une avec sept lits et quelques berceaux, une pour
les femmes en couches gravement malades, et d'une lingerie,
au rez-de-chaussée ; du logement de la maîtresse sage-femme,
composé de trois pièces, d'un cabinet d'anatomie, d'un réfectoire et d'une infirmerie pour les élèves, au premier ; d'un
dortoir avec douze lits, d'un vestiaire, d'une salle de toilette
et de deux pièces, pour le moment, sans emploi, au second ;
et de vastes greniers sous les combles.

Les services réunis de l'hospice et de l'hôpital se trouvent
ainsi avoir à leur disposition deux cent soixante lits : le premier, cent quatorze, dont cinquante-huit pour vieillards et
cinquante-six pour enfants ; le second, cent quarante-six,
dont trente-deux pour hommes, quarante-sept pour femmes,
et soixante-sept pour militaires. Et sur ce nombre, il en est
trente-trois dus à des fondations et cinquante-huit entretenus
directement aux frais de l'établissement.

Une basse-cour, une chambre à lessive, une buanderie, une
remise avec bucherie et écurie, des greniers, et derrière l'aile
gauche trois cours, servant de préaux, dans deux desquelles
sont établies deux salles de bains, une pour les hommes et
une pour les femmes, complètent les aisances de la maison.

Douze sœurs de Saint-Charles, secondées par un boulanger, un jardinier, une concierge, quatre infirmiers, deux infirmières, deux aides de cuisine, et plusieurs vieillards, encore valides, sont chargées de pourvoir à tous les détails d'intérieur de la maison. Une des sœurs a, comme supérieure, la direction et la surveillance générale de tout le service; deux sont attachées à la cuisine, deux à la pharmacie, une à la lingerie, une aux hommes malades et blessés, une aux militaires, une aux femmes malades et blessées, une aux vieillards, une aux femmes infirmes et aux pensionnaires, une aux orphelines, et une aux enfants assistés.

Un médecin donne ses soins aux malades, un chirurgien aux blessés, et l'un et l'autre ont un adjoint pour les remplacer en cas d'absence. Les visites se font tous les jours, de sept à huit heures du matin, et se renouvellent autant de fois que le besoin l'exige. Un receveur est préposé à la perception des revenus; un économe, à la comptabilité-matières; un secrétaire, aidé par deux employés aux écritures, est associé aux travaux de la commission administrative. Deux vicaires de Notre-Dame faisant fonctions d'aumôniers, viennent donner aux malades les consolations de la religion. Tout ce personnel est sous les ordres d'une commission administrative, présidée par le maire, et chargée de veiller à l'exécution des réglements et des dispositions législatives sur l'assistance publique.

Ses ressources étaient, pour l'exercice 1873, de 159,681 fr. 32 c., et ses dépenses, de 159,875 fr. 07 c., savoir :

RECETTES.

Produit d'immeubles	17,587ᶠ 35ᶜ
Montant de rentes et de fonds placés	21,038 74
Subventions extraordinaires.	2,700 »
Dons, legs, et admissions à forfait	14,585 30
Journées de malades et d'infirmes	33,300 75
A reporter.	89,212ᶠ 14ᶜ

Report.	89,212f	14c
Journées de militaires.	28,594	85
Pension des élèves sages-femmes	6,229	17
Produit de la pharmacie.	6,380	70
Allocation départementale pour dépenses intérieures des enfants assistés	10,286	14
Amendes, concessions au cimetière, etc. . .	3,457	»
Recettes diverses	8,562	90
Recettes ordinaires à recouvrer	6,958	42
Total	**159,681f**	**32c**

Dépenses.

Dépenses pour l'administration des biens et revenus.		21,770i	22c
Dépenses ordinaires :	personnel	5,662	64
	matériel	18,247	07
	nourriture	74,247	01
	pharmacie	5,896	90
Secours à domicile.		300	»
Dépenses diverses.		33,300	71
Dépenses ordinaires à payer.		450	55
Total		**159,875f**	**10c**

Ses propriétés immobilières se composent de dix-sept ares trente-deux centiares de vigne, de deux hectares quatre-vingt-trois ares cinquante-huit centiares de pré et de terre, d'une ferme de deux cent quatre-vingts hectares, et de plusieurs maisons représentant une valeur approximative de dix-huit mille francs.

Cet établissement, désigné successivement sous les noms de maison-Dieu, d'hôpital Saint-Denis, d'hôtel-Dieu, et d'hôpital, était autrefois situé sur l'emplacement occupé aujourd'hui par le tribunal de première instance et une partie du

jardin de la préfecture. On ne connaît pas au juste à quelle
époque il a été fondé, ni par qui, ni comment, dans le
principe, il était administré; seulement on sait, d'après un
acte de 1194 dû à Eudes de Lorraine-Vaudémont, évêque et
comte de Toul, que sa fondation a été approuvée par le pape
Pascal, ce qui conduit à penser qu'elle date, ou du commencement du neuvième siècle, ou de la fin du onzième, le siége
de saint Pierre n'ayant été occupé que par deux Pontifes de
ce nom, l'un, en 827, et l'autre, en 1098, et que, des difficultés
s'y étant présentées, le même évêque voulut y mettre un
terme, en en confiant la gestion au prieur de Notre-Dame (A),
lequel prit le titre de *maître gouverneur* de la maison-Dieu,
et les deux autres religieux du prieuré, celui de *frères pré-
bendés.*

Cette nouvelle administration ne paraît pas avoir toujours
été très-sympathique aux habitants, elle s'est même trouvée
plusieurs fois dans la nécessité de recourir, pour ce qui la
concernait, soit à l'autorité diocésaine, soit à l'autorité ponti-
ficale, soit à l'autorité des souverains du Barrois. C'est ainsi
que le pape Innocent III est intervenu, en 1200, pour prévenir le comte de Bar, qu'ayant pris sous sa protection spéciale les religieux bénédictins de la ville de Saint-Mihiel,
il ait à les laisser jouir paisiblement des revenus et dépendances de la maison-Dieu de la ville de Bar (B); que le pape
Honoré III approuva, en 1224, une transaction passée entre
les bénédictins, la ville de Bar, et les frères de la maison-
Dieu, au sujet d'un cimetière situé rue des Clouères (C); que
l'évêque de Toul et le comte de Bar sont intervenus, en 1254,
pour résoudre une nouvelle difficulté relative à ce cimetière,
et terminer un différend au sujet de la perception d'une dîme
sur le château de Breuil (1); que le même prélat, ensuite, d'ac-
cord avec le comte de Bar, a sanctionné, en 1256, une transaction passée entre le prieur de l'abbaye de Saint-Mihiel, le

(1) Bâtiment situé à Commercy et occupé depuis quelques années par l'école
normale de la Meuse.

curé de la ville de Bar, et les frères de la maison-Dieu, au sujet des sépultures qui se faisaient dans cette maison, et des libéralités qui lui étaient faites dans ces circonstances, ainsi que des deux dîmes perçues : l'une sur son bétail, et l'autre sur quelques-unes de ses terres.

Par cette transaction le gouverneur et les frères de la maison-Dieu s'obligeaient à payer au prieur de Saint-Mihiel et au curé de la ville de Bar vingt sous tournois, pour chaque tête de bétail qui naîtrait dans leurs étables, et douze sous d'amende, pour chaque semaine de retard à acquitter cette redevance ; à leur délivrer, chaque année, un muid de blé, moitié froment et moitié avoine, suivant la coutume de Bar, à titre de dîme, sur les quatre-vingts jours de terre possédés par la maison-Dieu, à leur desservir une rente de quatre sous sur le revenu du pré-Dieu (1); et à recueillir, ainsi qu'à tenir à leur disposition, dans un coffret fermé à clef, toutes les offrandes qui pourraient lui être faites. Le curé, de son côté, s'engageait à procéder gratuitement à toutes les inhumations des personnes qui viendraient à y succomber ou qui auraient demandé à y être enterrées, et à renoncer à toutes les libéralités auxquelles ces dernières inhumations donnaient toujours lieu (D).

Quant à sa situation financière, s'il est impossible de connaître aujourd'hui ce qu'elle pouvait être à cette époque, on est du moins autorisé à penser qu'elle laissait fort peu à désirer, du moment où elle lui permettait d'acheter, en 1269, à Gilles de Bar, une maison avec jardin, plusieurs pièces de terre et de vigne sur le finage de Bar, et un pré sur celui de Naives, moyennant la somme de deux cents livres, une rente de cent dix sous, une redevance annuelle de dix muids de blé, moitié froment et moitié avoine, une de dix muids de vin, dont quatre de vermeil et six de blanc, une de deux chars de foin, une de cinq chars de paille de froment et d'avoine, une d'un char de

(1) Ce pré occupait la partie de la ville où se trouvent les rues des Tanneurs, des Pressoirs, et des Sœurs Claires ou Voltaire.

paille de seigle, une d'un litre de pois, et l'obligation de lui
prêter, chaque année, deux chars pour amener, à son hôtel, le
bois nécessaire à son usage (E); de faire l'acquisition, en 1274,
d'un pré situé devant le moulin de Marbot, et de tous les prés
de la terre seigneuriale du châtelain de Bar, sur les finages de
Bar et de Rembercourt-sur-Orne (F), et de devenir proprié-
taire, en 1379, du four de Marbot, par suite de l'abandon qui
lui en avait été fait par le comte Thiébaut, jusqu'au jour où lui
ou ses hoirs, aurait remboursé les vingt souldées de terre qu'il
lui avait empruntées (G).

Comme toutes les maisons-Dieu, les hôtelleries et les aumô-
neries, elle devait loger et héberger, pendant un jour ou deux
seulement, de pauvres voyageurs, et leur donner quelques
secours pour les aider à continuer leur route; néanmoins, il
vint un jour où, par suite de la négligence ou de la cupidité
des religieux chargés de ce soin, il n'y fut plus accompli
la moindre œuvre d'hospitalité. De là les plus vives réclamations de la part des habitants; et comme il s'élevait de semblables plaintes de toutes les localités où existaient des maisons-Dieu, le duc Robert, pour remédier à une situation aussi
déplorable, résolut de confier la gestion de tous ces établissements à des mains plus honnêtes et plus dignes de remplir un
pareil mandat. S'adressant alors au supérieur général des religieux de Saint-Antoine, en Viennois, de l'ordre de Saint-Augustin, dont les prodiges de charité avaient, à cette époque,
le plus grand retentissement, il le pria de vouloir bien lui
envoyer quelques-uns des membres de sa commun té, pour
les charger de cette mission; et dès qu'il eut connu l'avis favorable du grand conseil de l'Ordre, en date des 29 mai et 28
août 1382, il s'empressa de faire élever un bâtiment, à proximité de la maison-Dieu, pour être mis à la disposition de ces
religieux : bâtiment qui constitue aujourd'hui, pour les deux
tiers, celui de l'hôtel de la Préfecture, et rédigea, le 26 juin
1385, ses remarquables lettres-patentes par lesquelles il leur
confiait l'administration de tous les hôpitaux et maisons-Dieu

du Barrois, et, d'une manière toute spéciale, celle de la maison-Dieu de la ville de Bar (II).

De ses chapelains-gouverneurs, avant l'arrivée des religieux de Saint-Antoine, on ne connaît que : Messire André, en 1248; Messire Huc, en 1299; Guillaume, doyen de la collégiale de Saint-Maxe, de la ville de Bar, en 1309; Estève, de Saulx, en 1311; Thiéry, d'Haranville, en 1314; Guillaume, en 1327; Varin, de Revigny, en 1342; Miles Deschicourt, en 1343; Simon, de Foug, en 1356; Eudes, de Vigneulles, en 1357; Gérard, en 1359; Simon, en 1363; Eudes, en 1369, et Maxe, de Revigny, en 1373.

Quant aux libéralités dont elle a été l'objet, sous leur administration, on ne retrouve les traces que de quelques-unes seulement, tant sont rares, aujourd'hui, les documents relatifs à cette période de son existence. Ainsi le comte Henri lui donna, en juin 1229, le droit de moudre gratuitement tout le grain nécessaire à ses besoins, dans un moulin situé sur le chemin de Fains, et lui constitua, le 1er novembre 1230, une rente de quatorze francs barrois sur le four de la ville de Bar.

Guérin Farnot, de Bar, lui constitua, en 1230, une rente d'un muid de froment et d'un muid d'avoine, sur la dîme de Fains.

Verdie, chapelain du comte Henri, lui donna une vigne, en 1239.

Collot, clerc, de Bar, deux parts d'une dîme en vin, sur le village de Fains, et un setier de froment, sur la dîme de Véel, en 1250.

Le comte Thiébaut lui donna une rente de vingt sous tournois, en 1252; le four banal de Sommeilles en 1279, four auquel les Antonistes ont renoncé, le 29 décembre 1699, moyennant une redevance annuelle de quatorze gros par famille; un revenu de six muids de blé, sur les assises de Revigny, et une rente de six livres tournois, sur les pressoirs de la ville de Bar, en 1262; un revenu de trois muids d'avoine, sur les fours de Vavincourt et de Sarney, en 1263; une rente de

quarante francs sur le Thonceux de Bar, et le droit de faire
cuire gratuitement son pain dans les fours de la ville, en 1264 :
privilége qui lui fut enlevé dans la suite, et dont la suppression
lui occasionna une dépense, qui ne s'éleva pas à moins de
quatre-vingts francs, en 1727 (1); enfin en 1266, le droit de
prendre dans la forêt du Petit-Juré la quantité de bois que
pouvaient porter deux ânes (F). Ce droit, après lui avoir été
plusieurs fois contesté et même supprimé par les officiers de
la gruerie, lui fut rendu, en 1482, par le duc René, et porté
par ce prince à tout le bois que peut contenir une voiture atte-
lée de deux chevaux (J). Le duc Antoine l'étendit ensuite à
l'exploitation de quatre arpens de bois ; mais, supprimé de
nouveau, en 1690, et rétabli, le 29 mars 1714, par le duc
Léopold, il fut réduit, le 13 avril 1730, à l'exploitation de
deux arpens de bois, de deux cent cinquante verges chacun,
et, quelques années plus tard, à celle d'un arpent, conformément à un arrêt de la Chambre des comptes de la ville de Bar.
Tel il était encore, lorsque l'hôpital se l'est vu enlever, le 23
messidor an XI.

Philippe, châtelain de Bar, lui donna, en 1253, deux fauchées de pré, à Popey.

Marie Hauvic, un revenu de trois muids d'avoine, sur le
four de Véel, le 19 janvier 1314.

Edouard, comte de Bar, un des réservoirs situés au-dessous
du moulin du Bourg, pour prendre, à l'aide d'un petit canal,
l'eau nécessaire à ses besoins, en 1319 ; libéralité qu'un titre
de 1344 attribue à Jacques de Bar, chevalier, châtelain de
Mousson.

Richard, de Varney, deux fauchées de pré, à Sommeilles,
en 1322.

Thiéry Chaudron, échevin de la ville de Bar, une pièce de
terre, en 1329.

---

(1) Défense était alors faite de construire des fours particuliers, sous peine
de soixante sous d'amende, et de la confiscation du pain. (*Comptes de l'hôpital,
année* 1482.)

Poiresson, dit le Bachelet, deux pièces de terre, à Cou-
vonges, en 1330.

Le duc Robert, une rente de dix livres tournois, sur la prévôté de Bar, en 1342, pour fondation d'une messe de *Requiem*,
à célébrer, le lundi de chaque semaine, après sa mort, à son
intention, ainsi qu'à celle de toute sa famille et de tous ses
prédécesseurs au comté; et une rente de cinquante-quatre
sous, sur la taille de Véel, en 1348. Il en amortit ensuite tous
les biens, en 1362; lui constitua un revenu de treize muids de
froment, sur le moulin du Comte, en 1372, au moment où il
l'abandonnait, en toute propriété, avec ses battants, pour
draps, papiers, écorces et chanvre, au couvent de Sainte-
Hoïlde, lequel lui en fit la cession, en 1389, moyennant une
redevance annuelle de quinze muids de froment; et enfin une
maison, en 1380.

Colin Viardin, deux jours de terre, en 1345.

Jeannette Girondet, veuve de Jean Lepitoy, son droit au
quart du produit du four de la Neuville, en 1353, à condition d'être enterrée devant l'autel Saint-Nicolas de la chapelle
Saint-Denis où il serait célébré trois messes, par semaine, à
son intention, et d'admettre, à titre de frère prébendé, le
sieur Thiriet, de Longeville (K).

Messire Massart, prêtre prébendé, une maison avec ses
dépendances, située à Revigny, le 13 février 1369, et une
autre maison, en 1378, à condition qu'il serait célébré, chaque
année, une messe à son intention : libéralités confirmées par
le comte Robert, la première, en 1372, et la seconde, en 1378.

Jacques Collet et Isabelle, sa sœur, soixante et onze jours
de terre, sur le finage de Nant-le-Grand, le 5 mars 1369,
pour y être logés, nourris et entretenus le reste de leurs jours.

Eudes, de Vigneulles, trois cent seize verges de pré, à
Sommeilles, et un cens de quatre sous douze deniers et d'un
bichet de froment sur cette localité, en 1369.

Enfin, Isabelle, de Behonne, soixante verges de terre sur le
finage de cette commune, en 1371.

Les religieux de Saint-Antoine, sur le dévouement et l'ab-

négation desquels on avait fondé les plus belles espérances,
furent pendant de longues années à la hauteur de leur belle et
sainte mission. On les vit alors, en sages et intelligents administrateurs, donner à la maison-Dieu une action plus efficace, en y secourant un grand nombre de malheureux, en y
facilitant les admissions à vie, et en y venant en aide à quelques familles indigentes, par des secours donnés à domicile.
Malheureusement ce dévouement et cette abnégation devaient,
par la suite, faire place à des sentiments tout opposés; c'est
ainsi que ces religieux, après s'être appuyés sur une décision
de la Cour de Rome, qui, en approuvant leur installation dans
la ville de Bar, les avait constitués bénéficiaires de tous les
établissements charitables du Barrois, ont fini par trouver tout
naturel de s'attribuer la plus grande partie des ressources dont
la gestion seulement leur avait été confiée.

Une pareille conduite ne pouvait qu'exciter le plus vif mécontentement dans toute la population, et comme aucune des
protestations auxquelles elle donnait lieu n'était suivie du
moindre résultat, les habitants se proposèrent de la signaler
au duc de Lorraine et de lui demander, comme le seul moyen
d'y mettre un terme, de remettre entre leurs mains l'administration de leur petit hôtel-Dieu. Mais Pierre de Falcoz,
commandeur alors de la commanderie de Bar, n'eut pas plus tôt
connaissance de ce projet, que redoutant de le voir favorablement accueilli, il s'empressa de prévenir le duc de Lorraine
des difficultés de sa gestion, et n'eut pas honte de recourir au
mensonge pour se soustraire aux plaintes et aux réclamations
dont il était l'objet. Ce fut alors que, dans un but de réconci-
liation, le duc René prit les dispositions suivantes : « Le Roy
» René sur la plaincte quy luy fust faicte par Pierre de Falcoz,
» commandeur de la commanderie de Bar, des grandes chargez
» que les hospitaulz dépendantz de la commanderie souffrent
» auxquelles, ils ne peuuent suffire, et demandent prouision à
» l'auenir. A ce donnons aud. commandeur et à ses commiz es
» dictz hospitaux et maisons Dieu de Bar, duchez de Bar, que
» doresnauant ilz recoiuent touz pauures mendiantz et verita-

» bles pauures de sez payz non ayant bien ny héritaiges en
» Iceulz et qu'ils soient constituez en telle malaidie qu'ilz ne
» poussent aller mandier leur vie par les villes et villaiges où
» sont les dictz hospitaulz, et s'ilz ont aucun bien ne les re-
» coiuent en Jceulx fort por passer chemin por un jor et nuict.
» Les pauures passantz pays et pouuant mandier leur vie soient
» repcus por un jor et nuict et non plus, n'estoit que le dict jor
» ilz fussent en malaidie et qu'ilz ne poussent passer, et si aul-
» cuns jeunes compaignons ou aultres qu'on puisse cognoistre
» estre en estat de gaigner leur vie n'y soient souffertz d'y en-
» trer, et demourer. Les femmes enceintes ayant bien dont elles
» poussent s'entretenir ne soient repcuz esdictz hospitaulx et
» qu'elles trouuent moyen d'aller accouchier ailleurs, si elles
» sont nourrices qu'elles se trouuent avec leurs maryz sans
» demourer aux dictz hospitaulz afin quy n'y laissent leurs
» enfantz, enjoignant à tous les officiers du lieu de faire obser-
» uer le présent règlement a la première réquisition du com-
» mandeur ou de ses commys, et ce par décret. Apposez au
» bas de la requeste diceluy, expédiez à Bar, le 19 avril 1498. »

Pierre de Falcoz ne fut que médiocrement satisfait de ces
dispositions; ayant compté sur une réduction un peu plus
accentuée des charges de l'hôtel-Dieu, et se trouvant déçu
dans ses espérances, il réclama aussitôt, et obtint de les voir
se réaliser en partie, par le complément suivant, apporté aux
instructions précédentes : « Le susdict commandeur s'estant
» plainct encore aud. Roy René que encore par les fondations
» yl ne soit tenu d'appréhender sinon les pauures de la pres-
» uotez de Bar et du Pont, néantmoins l'on ne laissoit d'y
» amener par charrettes dez lieux voisins, comme de Vitry,
» Sainct Dizier, Toul, Metz, Verdun et ailleurs, qu'il n'estoit
» refusey, crainte du peuple. A ce le Roy ordonne que suiuant
» les dictes fondations, soient seulement repcuz esd. hospi-
» taulx les pauures passantz de ses pays et estat et les étran-
» giers en passant chemin, comme il se faict de tous les hospi-
» taulx, et sy l'on en amene en charrettes ou aultrement des
» villes voisines du dict Duchez, qu'ilz soient seulement repcuz

» en passant chemin par un jor et nuict et non plus, sinon
» qu'ilz soient tellement malaides qu'ilz ne poussent partir, et
» ce par décret donné à Bar le 4 mai 1498. »

Cinquante années plus tard, les habitants, de nouveau
préoccupés du sort réservé à leur maison-Dieu, en voyant les
religieux de Saint-Antoine recommencer à s'en attribuer les
ressources, et à ne secourir qu'exceptionnellement quelques
malheureux, s'adressèrent au comte de Vaudémont, Nicolas de Lorraine, oncle et tuteur de Charles III, lui rendirent compte de tout ce que cette conduite avait d'odieux; et
tout en lui renouvelant la demande déjà faite au duc René, de
vouloir bien remettre entre les mains de l'Hôtel-de-Ville la
direction de leur maison-Dieu, le prièrent d'imposer au commandeur Jean de Gyon l'obligation de leur rendre compte de
sa gestion.

Plus heureux que leurs prédécesseurs, ils se virent autorisés à faire procéder, par les soins d'une commission, composée de plusieurs membres de l'Hôtel-de-Ville, désignés par
le bailli, à l'examen de tous les actes relatifs à l'administration des deux établissements, afin de reconnaître jusqu'à quel
point les intérêts de la maison-Dieu se trouvaient lésés. Une
saisie provisoire de tous leurs revenus fut, en conséquence,
aussitôt ordonnée.

Jean de Gyon se trouva d'autant plus profondément blessé
de cette mesure, qu'elle froissait son orgueil, et allait porter
une certaine atteinte aux intérêts de la commanderie. Pour s'y
soustraire, il en appela au grand conseil du Roy, et débouté de
son instance, le 18 mai 1553 (L), il eut recours, le 4 septembre
suivant, au conseil privé, près duquel il n'eut pas plus de succès, quoiqu'ayant mis en cause, cette fois, le comte de Vaudémont (M). Se voyant, dès lors, contraint à se soumettre à une
juridiction contre laquelle il avait en vain protesté, il chargea son frère R ault de Gyon, protonotaire de la Cour de
Rome, de faire toutes les démarches nécessaires au désiste-
ment de son opposition, lequel eut lieu le 13 février 1554 (N).

L'enquête à laquelle on se livra, ayant démontré que les

2

ressources de la maison-Dieu ne consistaient plus qu'en cent
soixante et dix francs de rente, sur particuliers, en un arpent
de bois, et en une pièce de terre sur le finage de Longeville,
louée huit francs un gros huit deniers; tandis que celles de la
commanderie comprenaient tout le surplus des immeubles et
des rentes, et la totalité des cens et des dîmes, le tout évalué,
à cette époque, à une somme de plus de trois cent mille livres
de Lorraine; il n'y avait plus à avoir le moindre doute sur la
conduite déloyale des religieux de Saint-Antoine. Aussi le
comte de Vaudémont n'hésita pas à faire droit aux réclamations
des habitants, en leur remettant, le 1er avril 1559, l'administration de leur maison-Dieu, avec les quelques ressources qui lui
avaient été laissées : ressources qui, certes, auraient été tout
autres, si la commission chargée d'en constater l'importance,
s'était plus attachée à découvrir les documents à l'aide desquels elle se serait trouvée en mesure de les revendiquer, et
moins à démontrer, ce qui n'était ignoré de personne, que les
religieux de Saint-Antoine avaient dénaturé l'origine de toutes
les anciennes possessions de la maison-Dieu, en les aliénant
et en les remplaçant par d'autres, mises en leur nom, afin
de mieux se les approprier. Toutefois le comte de Vaudémont
ne voulut pas que cette maison fut complètement victime des
actes de spoliation dont elle avait été l'objet, il prescrivit, en
conséquence, pour l'indemniser autant que possible de toutes
ses pertes : « de laisser les salles et le corps de logis, commu-
» nément appelé l'hospital de Bar pour la réception, usaige et
» habitation dez pauures qui y sont et viendront s'y rendre et
» logier cy après, en laquelle salle et logis seront lesd. com-
» mandeurs tenus dez mainctenant fournir douze lictz esquipez
» et accoustrez de quatre linceaux, cheuetz et couuertures pour
» chascuns litz et ce aux frais et despens pour cette fois, et à
» les entretenir à l'aduenir perpétuellement sur les desniers
» prouenant de la somme de deux cent soixante livres de Lor-
» raine, que le dict Gyon et ses successeurs bailleront et
» employront, par chacun an, tant pour led. entretenement que
» pour aultres choses nécessaires à la réfection et retention de

» lad. salle et logis des pauures et à l'entretenement et à la
» nourriture d'jceulx.... que si pour l'aduenir aulcun Bour-
» geois ou Bourgeoises de lad. ville de Bar et lieux circonuoi-
» sins ou aultres forestiers, estrangiers ou estrangières, mues
» de douation et de charitez donnassent ou aulmonassent à
» lad. maison-Dieu et hospital de Bar leurs biens ou partye et
» jceulx fussent meubles ou immeubles, en quelque éspèce
» qu'ils soient led. de Gyon et ses successeurs ny pourront
» ny debueront aulcunes choses prétendre ny demander.....
» mais doresnauant lesd. biens ainsy aulmosnez propres aud.
» hospital et maison Dieu n'en auront lesd. commandeurs de
» la commanderie de Saint-Antoine aulcune cognoissance ny
» administration ; ainsy seront yceulx biens regiz et gouuernez
» par un ou deux personnaiges que la Chambre des Comptes
» nommera..... » Compensation bien faible, lorsque l'on songe
à ce que cette maison possédait à l'arrivée de ces religieux, et
à ce qui a pu lui être donné pendant les cent soixante et quatorze années de leur gestion.

Rien d'étonnant, dès lors, que l'on ne trouve d'autres traces
des libéralités qui lui ont été faites, pendant cette période,
que celles de cinq jours de terre donnés, le 30 janvier 1389,
par Hauvy de Nant-le-Grand, pour être inhumé dans la chapelle de Saint-Denis ; d'une rente de quinze sous petit tournois, constituée, le 25 février 1398, sur une maison de Contrisson, par Clément Brosserant et Isabelle, sa femme ; d'un
jour de vigne, sur le finage de Bar, donné, en 1483, par
Mariette de Remencourt ; d'une rente de deux francs barrois
léguée, le 31 décembre 1533, par Etienne Gentil, pour fondation de douze messes ; et d'une rente de quinze francs, donnée
le 17 novembre 1548, par Pierre Waltrin, sur la Confrérie du
Saint-Sacrement, instituée dans la commanderie, pour fondation d'une messe, le jeudi de chaque semaine.

Les commandeurs sous l'administration desquels elle s'est
trouvée placée, furent : Bezançon d'Herbois, en 1387 ; Pierre
d'Izerant, en 1398 ; Estienne de Beurges, en 1399 ; Pierre
Garrand, en 1425 ; Thiéry Sorlier, en 1439 ; Didier, de Loisey,

en 1455; Jean Bertrand, en 1487; Pierre de Falcoz, en 1496;
Estienne de Rochefort, en 1508; Pierre de Falcoz, en 1517;
Aymard de Falcoz, en 1522; Pierre Valtrin, en 1528; Antoine Roux, en 1546; Jean de Gyon, en 1548, représenté, en
1552, par Claude de Falcoz, et, en 1554, par Claude Collignon.

La ville ne fut pas plus tôt entrée en possession de sa maison-Dieu, qu'elle réunit les habitants, en assemblée générale,
pour désigner celui d'entre eux auquel en serait confiée la gestion, sous la surveillance de la Chambre des Comptes, laquelle
de son côté était appelée à en examiner et à en approuver les
comptes, et prenait, dans tous les actes où elle intervenait,
comme dans la nomination du gouverneur, des médecins et
des gens de service, le titre de *Directrice supérieure et administrative de la maison-Dieu.* Le document suivant, relatif à la
présentation du sieur Broulier au poste de gouverneur, rappelle en quels termes, et comment il était procédé à la sanction du choix des habitants.

« Ce jourd'huy 12 janvier 1681, par deuant nous Alexandre
» de Beurges, cheualier, seigneur de Ville-sur-Saulx, le Buis-
» son, conseiller du Roi en son conseil, président de la
» Chambre des Comptes du duché de Bar, est comparu en
» personne maistre Pierre Broulier, licencié en loix, lieutenant
» particulier en la preuosté de Bar, lequel nous a dict auoir
» esté nommé et choisy par les habitants de la ville, en la
» manière ordinaire, pour exercer, pendant trois ans, qui ont
» commencé le premier du présent mois, la charge et comis-
» sion de recepueur de l'hostel-Dieu de Bar, sous la direction
» de Messieurs de la Chambre des Comptes; en conséquence de
» quoy requerroit estre reçu et en prêter le serment habituel.
» Faisant droict sur laquelle requeste, vu l'acte d'élection,
» après qu'il nous a esté establi que le dict sieur Broulier a
» esté balloté, et que nous en auons communiqué à nos dicts
» sieurs de la Chambre des Comptes, auons ordonné qu'il prê-
» tera le dict serment, ce qu'il a faict; et a promis, par le dict
» serment, de bien et fidellement exercer la dicte charge, et

» de rendre compte ainsy qu'il est accoustumé. Dont acte, il a
» signé auec nous et le sieur Morel, secrétaire de la dicte
» Chambre. »

Ce gouverneur-receveur était, ainsi qu'on vient de le voir,
nommé pour trois ans; il pouvait être réélu et obtenir, en récompense de son zèle et de son dévouement, le titre de gouverneur honoraire, lorsqu'à raison de son âge et de l'état de
sa santé, il se trouvait dans l'obligation de renoncer à ses
fonctions; ce qui lui donnait le droit d'intervenir dans l'administration de la maison, et de continuer à être exempt des
corvées et des logements militaires : se contentant, dans le
principe, de ces petits avantages, et de la marque de confiance
dont il était honoré, il remplissait sa charge sans exiger la
moindre rétribution ; mais, dans la suite, il demanda à être
indemnisé de ses peines, et une somme annuelle de dix francs
barrois lui fut allouée, en 1575; une de vingt francs, en 1605,
une de soixante, quelques années plus tard, et une qui se
trouvait être de cent livres de Lorraine, en 1636, lorsque
François de Rosnes, appelé à remplir cette charge, et Antoine
Legrand, son successeur, renoncèrent à cette allocation, *parce
que*, disaient-ils, *on ne doibt butiner aulcune chose sur les
pauvres*. Rétablie, en 1643, elle fut portée à la somme de
deux cents livres, de 1740 à 1752, sur la demande d'Henri
Drouin, dont presque tous les instants se trouvaient absorbés
par les nombreuses admissions de soldats français et lorrains,
et ramenée à cent livres, à partir de cette dernière année. Le
13 floréal an III, elle était de trois mille livres; le 29 floréal
an V, de douze cents francs, et à partir du 30 frimaire
an XIII, et surtout du décret du 24 août 1812, elle fut formée du montant des remises effectuées sur les recettes de
l'établissement, auquel est venu s'ajouter, conformément à la
circulaire ministérielle du 24 août 1839, celui des remises sur
les dépenses, ce qui la porte actuellement à la somme de
deux mille francs, environ.

Ses gouverneurs-receveurs ont été : René Boudet, écuyer,
résident du Barrois, assisté de Didier Dupuis, auditeur et

greffier de la Chambre des Comptes, en 1559; Jean de Rosnes,
en 1569; Guillaume Hugot, en 1572 ; Jacques Bugnot, en
1581; Nicolas Deschamps, en 1586; Jean Lamy, en 1589; Philippe Pontal, en 1592; Mathieu Lorminat, en 1595; Claude
Cuny, en 1597; Arnould Collet, en 1601; Noël Florentin, tailleur d'habits, et Antoine Régnier, bourgeois, en 1604; Claude
Bertel, bourgeois, en 1607; Antoine Rosière, bourgeois, en
1609; Richard Faynot, bourgeois, en 1612; Balthazard Les-
chicault, en 1615; Jacques Murault, en 1618; Pierre Monsin,
auditeur de la Chambre des Comptes, en 1624; Jean de Blaive,
en 1627; Pierre Poyard et Nicolas Baudoux, en 1630; François de Rosières, avocat, sergent ès siége de Bar, en 1633;
Jean Billaut, bourgeois, en 1636; François de Rosnes, en
1637; Antoine Legrand, seigneur de Grancour, en 1640; François de Lacour, écuyer, avocat, en 1643; Thiéry Dordula,
avocat, en 1645; Gaspard Thiébaut, docteur en médecine, en
1648; Didier Marchal, procureur au bailliage, en 1651; Thiéry
Dordulu, en 1654; Jean de Longchamps, docteur en médecine, en 1657; Pierre Broulier, procureur ès siége de Bar, en
1660; Jacques Rouillon, licencié ès lois, en 1663; Jean Moat,
procureur ès siége de Bar, en 1666; Jean Poyard, avocat,
sergent ès siége de Bar, en 1669; Claude d'Auzécourt, avocat, sergent ès siége de Bar, en 1675; Henri Lafaye, en 1678;
Pierre Broulier, conseiller d'Etat, lieutenant particulier de la
prévôté, en 1681; Jean Mayeur, avocat au parlement, en 1686;
François Parisot, marchand, en 1687; César Serre, avocat ès
siége de Bar, en 1671; Antoine Aubry, avocat au parlement,
en 1696; François Boucher, écuyer, avocat ès siége de Bar,
en 1699; Claude Moat, docteur en médecine, en 1702; Dominique Aubry, écuyer, avocat, en 1705; Claude Macuson, docteur en médecine, en 1708; Simon Radouan, écuyer, seigneur
de Blercourt, en 1710; Charles Vyart, écuyer, conseiller du Roi,
en 1711; Jacques-François Perrin, écuyer, en 1714; Charles
André, conseiller de l'hôtel-de-ville, en 1717; Henri Drouin,
en 1723; Jean Regnault, avocat au parlement, en 1743;
Henri Lafaye, avocat au parlement, en 1781; Christophe

Patin, avocat, en 1786; Monard, le 13 floréal an III, dont les services furent tels qu'en signe de gratitude, la commission administrative, instituée le 16 vendémiaire an V, assigna à sa veuve une rente viagère de trois cents francs, sur le traitement de Maupoil appelé, le 1er juillet 1807, à lui succéder, comme simple receveur. Enfin, depuis le 20 septembre 1843, Pierre-Joseph-Ernest Florentin, remplit les mêmes fonctions que son prédécesseur.

Un gardien, désigné indistinctement sous les noms d'hospitalier, de ménager de l'aumône, de serviteur et de valet des pauvres, était, en 1573, la seule personne chargée de pourvoir aux menus détails de la maison. Il recevait les voyageurs indigents, leur procurait des aliments, et remplissait près d'eux les fonctions d'infirmier, lorsqu'ils étaient malades. Une allocation de dix gros, par semaine, lui était faite pour sa nourriture et son entretien, et elle ne fut plus que de douze francs barrois, par an, à partir de 1600, alors qu'il y était nourri et qu'il lui était donné, chaque année, une paire de souliers, et comme signe distinctif de sa charge, un chapeau garni de galons d'or, et tous les trois ans, un manteau orné sur le dos des armes du duc de Bar, également brodées en or. Secondé par une femme, en 1629, et par deux, en 1670, à chacune desquelles il était alloué une somme de vingt francs, par an, il fut remplacé, dans la suite, par les deux sergents de ville ou chasse-pauvres, institués pour éloigner les mendiants étrangers, empêcher ceux de la localité de demander l'aumône, et maintenir le bon ordre aux processions de Saint-Maxe. Ces agents recevaient, chacun, un traitement de soixante et douze francs, par an, étaient nourris et vêtus aux frais de la maison, et satisfaisaient, avec l'aide d'une domestique, à toutes les nécessités de son service.

La maison-Dieu ne pouvant, avec les ressources qui lui avaient été laissées, être d'un grand secours pour la population, dut, aussitôt qu'elle fut rendue à elle-même, se préoccuper du soin de s'en créer de nouvelles : c'est ainsi qu'elle commença à vendre tous les fruits de son jardin et les jeunes

pigeons de son colombier; qu'elle plaça un tronc à sa porte
d'entrée; qu'elle établit un mendiant, sous le porche de
l'église Notre-Dame, pour implorer la charité des fidèles, en
faveur de la délivrance des âmes du purgatoire, et qu'elle fit
faire, tous les dimanches et jours de fête, des quêtes dans les
différentes églises de la ville, excepté dans celle de Saint-
Maxe où elles n'ont jamais eu lieu que très-irrégulièrement.
Ces quêtes étaient faites, dans chaque paroisse, par la même
personne, de l'un ou de l'autre sexe, désignée à cet effet,
tous les ans, par l'Hôtel-de-Ville. Avec les ressources ainsi
obtenues, ajoutées à celles qu'elle possédait, et à celles qui
résultaient des amendes de police; telles, entre autres, que
celle de trente francs barrois à laquelle avait été condamné,
en 1596, Nicolas Varnerot, de Ligny, « enuers les pauures
» de l'hospital pour ung homicide qu'il a commis et dont il a
» obtenu rémission; » de l'impôt prélevé sur les bouchers et
les marchands, pour leur droit de vendre, pendant le carême,
les premiers, de la viande, et les seconds, des harengs et de la
stockfisch ou morue sèche; des rétributions et du travail des
personnes, de nouveau admises comme pensionnaires à vie,
conformément au désir des habitants, exprimé le 26 décembre 1623, dans une assemblée générale tenue à l'hôtel-de-
ville, et des libéralités, enfin, qui, de temps en temps, lui
étaient faites, elle vit sa situation insensiblement s'améliorer, et lui permettre d'étendre progressivement le cercle de
son action.

Malheureusement il vint des moments où elle se trouva dans
un état des plus précaires. Ainsi, en 1587 et surtout en 1595,
il lui fallut, en présence d'une épidémie des plus graves,
non-seulement renvoyer tous ses vieillards et ses infirmes,
pour faire place à des malades, mais disposer ses lits, les
uns au-dessus des autres, et répandre, à terre, de la paille jusque dans les halliers, pour coucher les moribonds dont elle
était encombrée. De 1622 à 1630 ensuite, ne touchant ni
rentes, ni fermages, tant était grande, à cette époque, la
misère de tous ses débiteurs, elle ne fut, en quelque sorte,

d'aucun secours pour une population, de nouveau décimée, par la peste et la famine.

Le nombre des malades était alors si considérable que l'Hôtel-de-Ville dut venir à son aide, en faisant construire, pour les recueillir, des maisonnettes en bois, dans les contrées des Gravières, de Vaux et de Parfondeval, et appeler tous les habitants à s'imposer quelques sacrifices pour subvenir à leurs besoins ; « Heureux, disaient les membres de l'Hôtel-de-Ville, » s'ils pouvoient de la sorte imposer silence aux murmures et « aux plaintes qui s'élevoient de toutes parts contre l'incurie » dont ils étoient injustement accusés. » Cet appel toutefois ne fut entendu que de très-peu de personnes, et comme les difficultés devenaient de jour en jour plus grandes, les habitants, réunis en assemblée générale, autorisèrent, le 15 janvier 1623, le maire et les échevins à percevoir, chaque semaine, une somme de deux cents francs sur la population, savoir : quatre-vingt-cinq francs sur les habitants de la ville et de la rue de Véel, quarante-cinq sur ceux du Bourg ; pareille somme sur ceux de la Neuville, et vingt-cinq, sur ceux des faubourgs : impôt qui fut levé jusqu'au mois de juillet de l'année suivante.

Des commissaires, désignés sous le nom de gouverneurs de carrefour, furent établis dans chaque quartier, pour éclairer le maire sur tout ce qui s'y passait, et faire toutes les démarches nécessaires pour que des soins fussent aussitôt donnés à chaque nouvelle victime de l'épidémie. Au mois d'octobre suivant, ces délégués furent chargés de compléter la liste des indigents, primitivement arrêtée par l'Hôtel-de-Ville, et, à partir du 1er avril 1625, de réunir, chaque mois, en assemblée générale, les habitants de leurs quartiers, pour leur rendre compte de leurs travaux et de l'emploi des quelques ressources que leur procurait la maison-Dieu.

Malgré ces sages mesures, la situation, loin de s'améliorer, devenait, de jour en jour, plus grave : un très-grand nombre d'habitants de la campagne, fuyant leurs villages, pour se réfugier dans la ville, dans l'espoir d'y être secourus, venaient, par leur présence, contribuer à la recrudescence de

l'épidémio. Le maire dut alors convoquer les habitants, et
après leur avoir exposé les funestes conséquences d'un pareil
envahissement, et la nécessité d'y mettre un terme, se con-
certa avec eux pour prendre l'arrêté suivant : « Ce jourd'huy
» vendredi quinziesme jour du mois de mars mille six cent
» vingt-six, à l'assemblée, les habitans de la ville de Bar et
» faux bourgs dicelle, et présent en un bon nombre, le corps
» de la communauté dicelle convoqué, en la manière accous-
» tumée, par le sergent de la ditte ville de Bar, par deuant
» nous Jacques Grauel mayeur de la ditte ville de Bar, pour les
» propositions suivantes :

» Premièrement : que pour obuier aux accidents et incon-
» vénients du danger de la contagion, les barrières de la ditte
» ville et faux bourgs seront scrupuleusement gardées suiuant
» l'intention de la ditte ordonnance de M. de Queuonge, bailly
» de Bar, et pour cet 'effect et subuenir à la ditte garde, se
» prendra des bourgeois de la garde des portes de la ditte
» ville, pour chascune des dittes barrières, pour fortifier les
» gardes dicelles, et mesmo poster santinelles sous le com-
» mandement du caporal qui se trouuera en charge, et seront
» les barrières qui se trouueront les moins nécessaires fer-
» mées, afin de retrancher et faciliter la garde.

» Que mon dict sieur de Queuonge, bailly de Bar, sera
» supplié de reschef de la part de la ditte ville, et mesmo de
» bailler ses ordonnances sur tout ce que dessus, et sy besoin
» faut, de faire planter potence ou postaux aux aduenues de
» la ditte ville, auec inscription de deffences à toutes per-
» sonnes contagiées et qui pouuaient aussy conuerser auec les
» infectez et soubsonnez de danger, d'entrer dans la ditte
» ville, soubs peine de la vie ou telle autre qui plaira aud.
» sieur Bailly. Seront les sieurs Juges de police de la ditte
» ville et prucostez de Bar priecz et requis de songer, sur-
» ueiller à ce qu'aulcun, des villages infectez, ne vienne à
» prendre séjour en la ditte ville, et, ce faisant, eux trans-
» porter, deux ou trois fois par sepmaine, es tauernes et
» cabarays d'icelle ville, et faux bourgs, et en aulcunes mai-

» sons soubsonnez de loger, pour recognoistre sy il aura poinct
» quelques forains des lieux desfendus et contagiez, et logez,
» et faire les desfences au cas appartenant.

» Que pour mieux esuiter tel danger, de congédier les
» mendians forains, afin qu'ils n'entrent pas dans la ditte
» ville et faux bourgs; l'aulmosne sera distribuez aux dicts
» mendians forains suiuant la nécessité qu'ils seront recognus
» par le distributeur, et se donnera la dicte aulmosne en l'une
» ou l'autre des barrières de la Neufuille ou de la Porte au
» Bourg, proche des Clouères, et à cet effect, et pour satis-
» faire aux dictes aulmosnes des forains, les Gouuerneurs de
» carrefours léueront ou feront léuer incessament les desniers
» de deux sepmaines de la taille, cy deuant portée, pour
» l'aulmosne des pauvres, au contenu et selon les roolles qui
» en sont dressez des plus haut costez, et feront entrer les
» desniers entre les mains du recepueur de la ditte ville,
» pour en déliurer à celuy qui sera cognu pour en faire la
» distribution aux dicts mendians forains dont il tirera rece-
» pissez, pour representer en ces comptes; ne sera loysible
» neantmoings de donner l'aulmosne aux dicts mendiants qui
» ne seront de lieux éloignez de trois lieux de distance de la
» ditte ville, cy donc il n'y est recognu nécessitez très grande
» et pour une seule fois.

» Faict et conclu en la ditte assemblée, les jour et an sus-
» dicts au deuant de la ditte Esglise paroischialle de Nostre
» Dame, lieu accoustumez à faire les dittes assemblées.
» Signey Grauel, G. Gaïnot et Lamy. »

Le gouverneur du bailliage sanctionna ces dispositions, et
le lendemain il fut défendu de la manière la plus expresse :
« aux habitans de quelques conditions qu'ils poussent estre
» de recepuoir chez eux aulcuns pauures mendians forains et
» estrangiers; aux gardiens des portes et des barrières, d'en
» laisser introduire dans la ditte ville, et aux pauures de
» kaimandier par la ditte ville et les carrefours. »

Quelques années plus tard, de 1630 à 1640, la ville se vit
encore une fois plongée dans le deuil et la consternation.

La Lorraine et le Barrois se trouvaient, à cette époque, tour
à tour envahis et dévastés, par les armées Impériales et
Suédoises, Espagnoles et Françaises, qui s'en disputaient la
possession. La plupart des bourgs et des villages étaient livrés
au pillage, les bois étaient incendiés, les campagnes complètement ravagées; et les habitants, poursuivis, harcelés, étaient
obligés de se réfugier jusqu'au fond des forêts avec les débris
de leurs troupeaux, abandonnant ainsi le peu qui leur restait,
et laissant leurs terres sans culture. Et pour comble de tant
de calamités, la famine et la peste, dont le germe n'était
point encore détruit, venaient, à l'envie l'une de l'autre, multiplier le nombre des victimes de l'ambition de Louis XIII et
de la résistance de Charles IV. Dans ces jours d'horrible
détresse, il y eut des malheureux réduits à se repaître de
l'herbe des champs; il y en eut même qui, n'ayant plus la
force de prendre des aliments, sont morts d'inanition, et
d'autres qui ont succombé, victimes de l'avidité avec laquelle
ils cherchaient à apaiser leur faim.

La misère était alors arrivée à un tel point, qu'il s'est passé
à Pont-à-Mousson un fait de la plus épouvantable cruauté : un
pauvre enfant, s'étant un jour introduit dans le repaire de
plusieurs de ces malheureux, y fut massacré, et ses membres
palpitants servirent à assouvir leur faim.

Comme ce qui s'était déjà passé quelques années avant, la
ville de Bar, où le nombre des malades et des indigents était
des plus considérables, devint de nouveau le refuge des habitants des villages voisins. Il y eut même un moment où on
n'y comptait pas moins de huit cents étrangers, couchant pêle
mêle, sous le porche des églises, ou près des portes des maisons; et tous implorant la mort, comme le terme le plus heureux de leurs misères et de leurs souffrances.

En présence d'un pareil encombrement et des proportions
effrayantes que prenait l'épidémie, l'Hôtel-de-Ville dut, le
18 juillet 1631, faire revivre l'ordonnance du 15 mars 1626,
et sur la demande de l'hôtel-Dieu, décider, le 31 du même
mois, que tous les malades seraient dirigés sur les maison-

nettes de Vaux et de Parfondeval, et les convalescents sur celles des Gravières, lesquelles prendraient alors le nom de *loges de santé*. Quelques mois plus tard, toutes ces loges étant devenues insuffisantes, l'Hôtel-de-Ville prescrivit, le 15 mars 1632, d'en construire douze nouvelles à la contrée des Vaux, et quelques-unes à l'Emorie, pour y placer les convalescents que l'on ne considérait plus comme assez éloignés de la ville dans les loges des Gravières, et de réserver celles-ci pour les malades de l'hôpital, en état d'y être transférés sans danger. Une députation fut envoyée, le 3 août suivant, au duc de Lorraine, pour l'informer d'une situation aussi calamiteuse et lui demander des secours. On invita ensuite le duc de Mouchy à retirer au plus vite la garnison de la ville, et on adjoignit au gouverneur de l'hôtel-Dieu, deux des notables habitants pour le seconder dans la répartition des secours, et l'assister, le dimanche, dans l'expédition et la présentation de ses comptes à l'Hôtel-de-Ville.

Rien dès lors n'était négligé; l'Hôtel-de-Ville ne reculait devant aucun sacrifice pour combattre le fléau, et en atténuer, autant que possible, les funestes effets, et tous les médecins auxquels, le 3 septembre 1632, il était alloué des indemnités en récompense de leurs services, déployaient le zèle le plus admirable dans l'accomplissement de leur mission.

L'épidémie n'en continua pas moins à sévir pendant plusieurs années, et parfois même avec la plus grande intensité, ce qui amena, le 16 juillet 1636, à recourir à l'intervention d'un médecin distingué de Chartres, Noël le Molin, et à le charger, moyennant une rétribution de cinquante francs par mois, de diriger les soins à donner aux pestiférés. Aucune amélioration ne s'étant produite à la suite de cette mesure, la population tomba dans le plus affreux découragement; un morne désespoir succéda à l'énergique résignation avec laquelle elle avait supporté jusqu'alors de si grands maux; les malades ne lui inspiraient plus que de la répulsion et de l'effroi, elle les abandonnait et s'en éloignait, et ce n'était plus qu'exceptionnellement que quelques-uns se trouvaient secourus.

Ce fut à cette triste et bien douloureuse époque que saint Vincent de Paul vint en Lorraine et dans le Barrois arborer l'étendard de la charité. Son arrivée y fut comme un présage de jours meilleurs; et si l'épidémie ne devait cesser ses ravages que dans les premiers mois de l'année 1640, l'espoir du moins commença à renaître dans tous les cœurs. Pour venir au secours de tant de populations plongées dans la plus grande détresse, ce saint prêtre fit des efforts surhumains, ne recula devant aucune démarche, ne se laissa arrêter par aucun obstacle; et, comme si la Providence, avant de couronner sa généreuse entreprise, avait exigé de lui toutes espèces de sacrifices, il se vit frappé dans ses affections, en perdant à Bar, victime de l'épidémie, Germain de Montivet, à peine âgé de vingt-huit ans, un des douze missionnaires, venus à son appel le seconder dans son œuvre admirable de dévouement. La mort de ce jeune prêtre, arrivée en 1639, fut pour la ville un véritable deuil public, et les larmes qui accompagnèrent ses restes jusqu'à leur dernière demeure, ont témoigné combien la population était affligée d'une pareille perte (1).

A la suite de tant de calamités, l'hôtel-Dieu s'est trouvé presque complètement dépourvu de ressources, et incapable dès lors de subvenir à ses besoins. En vain chercha-t-on à venir à son aide, en lui abandonnant, en 1636, l'hôpital de Mussey, avec tous ses revenus et toutes ses dépendances, et en lui allouant, un peu plus tard, un muid de sel par semaine, sur les salines de la province. En vain Jacques Rouillon, son gouverneur, fut-il assez heureux pour parvenir, à la suite des démarches les plus actives, à récupérer quelques-unes de ses créances; sa situation n'en devait pas moins rester à peu près la même, pendant plusieurs années encore; car l'arrêt du 18 avril 1646, en dégrevant les habitants des deux duchés de la moitié des intérêts et des arrérages qu'ils pouvaient devoir,

_____

(1) Voir page 59, tome II, *Mémoires* de la Société des Lettres, Sciences et Arts de Bar-le-Duc.

pour les indemniser de ce qu'ils avaient souffert, durant les
dernières années, et l'arrêt de 1667, en réduisant au denier
vingt, toutes les rentes constituées, ce qui fixait l'intérêt à
cinq pour cent, au lieu de sept et même de treize, lui avaient
porté un très-grand préjudice.

Ce ne fut donc qu'à partir du moment où toutes les maladreries et les maisons-Dieu dans lesquelles il n'était plus accompli la moindre œuvre d'hospitalité furent supprimées, qu'il
se trouva dans un état un peu plus prospère. Ses ressources,
en effet, s'augmentèrent, à la suite de cette mesure, le 17 juin
1695, d'une rente de cent livres, sur le chapitre de Saint-
Maxe, à la condition d'entretenir les quelques lépreux qui
viendraient encore à se présenter et qui ne devaient plus être
reçus à la maladrerie de Popey, devenue la propriété de ce
chapitre, depuis le 28 novembre 1434; le 11 mai 1696, de l'a-
bandon qui lui fut fait des petits hôpitaux de Longeville et de
Louppy-le-Château, ainsi que d'une terre située à Seigneulles,
provenant de l'hôpital de Bouconville (O); le 10 août 1700,
d'une rente de deux cent vingt-deux francs six gros barrois,
représentant, depuis l'ordonnance de 1667, les trois cent onze
francs six gros d'intérêts d'un capital de quatre mille quatre
cent cinquante francs prêté au duc Charles, pour l'aider à subvenir aux frais de la guerre entreprise pour la défense de la
Lorraine et du Barrois, intérêts qui, depuis un grand nombre
d'années, avaient cessé de lui être payés, et, en 1714, de son
droit d'affouage dans le bois du Petit-Juré, dont le domaine
l'avait privé.

L'hôtel-Dieu ne comprenait, à cette époque, que deux chambres, une cuisine, une remise, une chapelle et un jardin, le
tout, en très-mauvais état, et notamment la chapelle, aussi on
dut y consacrer, en réparations, le produit de l'exploitation de
ses bois de Mussey et de Savonnières-devant-Bar; et comme
il était des plus urgents d'y disposer une salle pour les militaires, dont l'affluence y était alors des plus grandes, et de
le mettre en état de recevoir un plus grand nombre de pensionnaires, la source principale de ses revenus, Charles

d'Alençon, président de la Chambre des Comptes eut en 1701, la généreuse pensée d'en faire relever la façade, et d'y faire construire un second bâtiment, composé de quatre chambres, d'un dortoir et d'une bucherie, le tout à ses frais.

Rebâti ainsi presque à neuf, et embrassant de plus grandes proportions, la gestion intérieure de cet établissement devint naturellement, de jour en jour, plus importante. Une dame de la ville fut alors chargée, en 1705, de pourvoir à tous les menus détails de son entretien, d'y exercer une surveillance journalière, et d'user de son initiative pour y introduire toutes les améliorations qui lui paraîtraient nécessaires.

Cette mesure n'ayant point répondu à ce que l'on espérait, dut être abandonnée après quelques années d'expérience. Ce fut alors que la Chambre des Comptes demanda, le 28 mai 1716, à la Congrégation des Sœurs de Saint-Charles, de la ville de Nancy, de vouloir bien lui envoyer deux sœurs pour leur confier le service de son hôtel-Dieu. Elle s'engageait à les loger, à les nourrir, et à leur allouer à chacune, une somme de quarante-cinq livres, par an, pour leur entretien; les dispensant de soigner les femmes en couches et leur interdisant, de la manière la plus expresse, de donner des soins à domicile, aux personnes riches, à leurs domestiques, et aux ecclésiastiques, à moins que l'état de pauvreté de ces derniers n'eut été bien constaté. Elle leur défendait aussi de s'approprier ou de réserver pour leur communauté, tout ce qui pourrait leur être donné à titre d'aumône. Mais sur les observations de la supérieure générale, que deux sœurs seraient insuffisantes pour remplir convenablement une pareille charge, et que la somme proposée pour leur entretien n'était point assez élevée, il fut convenu, le 13 août suivant, que trois sœurs seraient envoyées (1), et que leur allocation serait de cinquante livres (P).

Leur nombre fut ensuite porté à quatre, en 1746; à cinq, en 1790; à six, en 1815; à sept, en 1828; à huit, en 1830; à

(1) Les trois sœurs furent : Marie-Anne Halatte, Marguerite-Dorothée Joffroy, et Marie-Elisabeth Jacquet.

neuf, en 1846 ; à dix, en 1851 ; à onze, en 1853, et à douze, en 1860. Quant à leur allocation, elle fut fixée à soixante et douze livres, le 6 août 1772, à raison de l'augmentation du prix des étoffes employées à la confection de leurs vêtements ; à deux cent vingt-quatre livres, en 1792, alors qu'elles étaient tenues de se nourrir à leurs frais ; à cent quatre-vingt-douze francs cinquante centimes, en 1806, pour le même motif ; à cent francs, en 1812 ; à cent vingt-cinq, le 1er juillet 1872, et à cent cinquante le 1er janvier 1875, pour leur vestiaire seulement. Enfin, leurs rapports avec l'autorité civile et l'autorité ecclésiastique ont de nouveau été définis dans un traité passé, le 4 août 1840, entre leur communauté et l'hôpital (Q).

Ces religieuses, ne pouvaient, au commencement de leur installation, faire la moindre acquisition sans y avoir été autorisées, ce qui donnait lieu parfois à des retards des plus regrettables, aussi se virent-elles octroyer, le 20 mai 1717, la faculté de disposer, tous les trois mois, d'une somme de vingt-cinq livres, pour parer à ces inconvénients. Elles suffisaient seules à tous les détails d'intérieur de la maison, et ce fut seulement le 6 janvier 1812 qu'elles furent autorisées à se faire seconder par une domestique ; elles pourvoyaient à la nourriture et à l'entretien de quelques vieillards et de quelques pensionnaires, assistaient à leurs repas, pendant lesquels, chacune, à leur tour, leur faisait une lecture pieuse et instructive ; elles distribuaient les aumônes aux voyageurs indigents, et subvenaient, dans les limites des ressources de la maison, aux nécessités de quelques malheureux en les secourant à domicile.

Véritables servantes des pauvres, ces religieuses sont la providence de tous ces malheureux qui, ne pouvant trouver dans leurs familles les ressources et les soins dont ils ont besoin, s'empressent d'entrer dans les hôpitaux, les uns pour y terminer, dans le repos, une existence souvent très-laborieuse, les autres pour recouvrer une santé parfois des plus compromises. Inaccessibles à la fatigue, elles donnent jour et nuit, les preuves de la plus vive sollicitude, et surmontant la délica-

tesse de leur organisation, elles n'hésitent jamais à intervenir
avec le dévouement le plus admirable dans les efforts tentés
par la science pour combattre ces affections, d'un aspect souvent repoussant, d'une odeur fétide, et d'un caractère quel-
quefois des plus contagieux.

L'hôtel-Dieu, tout en continuant, jusque dans les dernières
années du dix-huitième siècle, à venir en aide à de pauvres
voyageurs, avait non-seulement ouvert insensiblement ses portes
à des vieillards, à des infirmes, et exceptionnellement à quelques malades civils et militaires, mais il secourait également,
autant que ses ressources le lui permettaient, tantôt de pauvres veuves chargées d'enfants, en plaçant ceux-ci, ou en
nourrice, ou en pension, ou en apprentissage; tantôt quelques
malades de la ville dont l'indigence avait été constatée, soit par
le président de la Chambre des Comptes, soit par un des membres de l'Hôtel-de-Ville. C'est ainsi que l'on trouve, entre
autres, mentionné dans ses comptes : une livraison d'onguent faite, en 1570, à un malheureux, conformément aux
ordres du procureur du bailliage; trois francs donnés, en 1574,
au chirurgien Valfleury, pour avoir coupé la jambe d'un enfant; quatorze francs au même, en 1575, pour avoir « pansez
» et fourny de l'onguent à Alexandre Pierre et à Henry Ma-
» laumé qui auoient esté brusley du tonnère en sonnant les
» cloches de Nostre Dame pour l'esloigner; » six gros barrois,
en 1595, à un prêtre pour l'aider à continuer son chemin ; cinq
gros, en 1596, à l'apothicaire Gallet « pour ung cerat de Mel-
» lilot pour mettre sur ung aposthème d'ung pauure homme de
» l'hospital; » six gros à un malade « pour faire ung voyage
» à Monsieur Sainct Jean de quoy il estoit tenu de malaydie, »
et cinq gros trois blancs « à trois pauures femmes quy séjour-
» noient deuant la porte du Bourg pour esuiter leur entrée à
» l'hospital; » huit francs douze gros, en 1605, « à ung pauure
» passant allant en pélérinaige à Monsieur Sainct Humbert
» pour auoir esté mordu d'ung chien enragié, comme il disoit,
» estant fort troublez de son esprit; » deux francs, en 1619,
au chirurgien Pierre Boudet pour avoir fait la levée du corps

d'un soldat tué en duel, à la croix de Behonne; huit francs
quatre gros à Jean Duquois, « recteur d'escole pour son année
» d'escolage de deux enfants de l'hospital; » sept francs cinq
gros à l'apothicaire François, pour sa fourniture d'onguent à
l'hôpital pendant une année; quinze francs au chirurgien Lebœuf, et sept francs cinq gros au chirurgien Parisot pour avoir
ventousé et saigné plusieurs indigents et leur avoir fourni des
médicaments; cent vingt-huit francs, en 1630, au chirurgien
Jean Lonchamps, pour avoir saigné un grand nombre de soldats
et d'indigents, et quarante-sept francs à l'apothicaire Longeaux,
pour la fourniture de médicaments; quarante-huit francs, en
1645, « pour vingt sepmaines à ung pauure de la ville altéré de
» son esprit; » deux francs six gros, en 1677, « à une pauure
» fille estrangière qui estoit venue faire ung pélérinaige à la
» Vierge de la porte aux Bois estant percluse d'une jambe et
» qui n'estoit poinct guarie; » vingt-quatre francs, en 1690,
pour payer l'apprentissage d'un enfant de la ville, et plusieurs
petites sommes, en 1700, à de pauvres femmes pour les aider
à faire des pèlerinages, dans le but d'obtenir la guérison de
leurs enfants.......

La faculté accordée aux indigents de se choisir leur médecin
et leur pharmacien, dont les honoraires et les fournitures
étaient ensuite payés par l'hôtel-Dieu, leur ayant été retirée, en
1620, à raison des abus auxquels elle donnait lieu, un médecin
ou un chirurgien, indistinctement, fut alors spécialement chargé
de leur donner des soins, ainsi qu'aux malades qui pourraient
accidentellement se trouver à l'hôtel-Dieu. De là, le commencement du service médical dans cet établissement. Quant au
service chirurgical, il n'y fut organisé que quatre-vingts ans
plus tard.

Le médecin, nommé, pour un an, par la Chambre des
Comptes, sur la présentation de l'Hôtel-de-Ville, pouvait être
maintenu dans ses fonctions pendant plusieurs années de
suite; et même se les voir confier de nouveau après les avoir
cessées. Une allocation annuelle de dix francs lui était faite,
en 1620; de vingt-cinq, en 1654; de cinquante, en 1684; et à

partir de 1700, où il y eut un médecin et un chirurgien attachés à l'hôpital, elle fut établie d'après l'importance de leurs
services : ainsi, le premier reçut vingt et une livres huit
sous huit deniers, en 1750; quarante et une livres, en 1779;
et vingt-quatre livres, en 1791; le second, soixante-dix
livres, en 1750; vingt-quatre livres, en 1779; et vingt-trois
livres, en 1791. Cette allocation fut ensuite portée, en 1812,
à deux cents francs, pour chaque chef de service.

Mais comme l'hôpital se trouvait dans l'impossibilité de
s'imposer une pareille dépense, tant il avait eu à souffrir de la
Révolution de 1789, la ville la prit à sa charge, et l'acquitta, en
réalité, jusqu'en 1840, où elle cessa de lui continuer une subvention de trois mille cinq cents francs qu'elle avait cru devoir
élever à la somme de trois mille neuf cents francs, en 1823,
pour parer à l'obligation où le préfet mettait l'hôpital de subvenir à toutes ses charges avec ses propres ressources, quoique
sa situation financière fût loin de le lui permettre. Enfin, depuis le 1er janvier 1874, cette allocation est de quatre cents
francs pour chacun des deux titulaires.

Les médecins et les chirurgiens appelés plus particulièrement à donner leurs soins aux malades indigents de la ville
ont été : le chirurgien Valfleury, en 1573; le docteur Blaise
Thiébaut, en 1596; les chirurgiens Nicolas Thirion, en 1610,
et Pierre Baudot, en 1613; le docteur Jolly, en 1614; le chirurgien Armand Rollet, en 1615; le docteur de Voulton, en
1616; l'opérateur Simon, en 1618; le chirurgien Lebœuf, en
1619; et comme attachés à l'hôtel-Dieu : le chirurgien Parisot,
en 1620; le docteur Jean Levrechon, médecin ordinaire de
Son Altesse, conseiller et maire de la ville, en 1624; les chirurgiens Jean de Longchamps et Claude Briquet, en 1630;
l'opérateur Collesson, en 1631; les chirurgiens Jean Clément,
en 1535, et Nicolas Rufier, en 1636; les docteurs Nicolas
Bertin, et Pierre Allyot, en 1642; Jean Guillart, en 1648, et
Gaspard Thiébaut, en 1650; les chirurgiens Claude, en 1651,
et Nicolas Thirion, en 1654; les docteurs Jean de Long-
champs, en 1657, et Jean Aubertin, en 1689; Joseph Thirion,

chirurgien de Son Altesse Royale Madame, en 1692; et le chirurgien Jean Bernier, en 1693; les docteurs Jean de Long-champs, en 1696, et Hyacinthe Royer, en 1699; le chirurgien Pierre Bardot, en 1700; les docteurs Claude Moat, en 1702; Jean Aubertin, en 1719, et Claude Mienson, en 1721; les chirurgiens Charles Bardot, en 1725, et Pierre Bardot, en 1730; le docteur Jean-Baptiste Magot, en 1744; les chirur-giens Joseph Chopin, en 1746, et Louis de Lacour, en 1768; Nicolas Sauvage, médecin du roi de Pologne, en 1778; le doc teur Nicolas Magot, en 1785; le docteur Mécusson, le 5 ventôse an V; le docteur Régnier, médecin-adjoint, le 6 floréal an VI et médecin en chef, en 1808; le docteur Moreau, médecin et chirurgien en chef, le 3 brumaire an VII; le docteur Champion, médecin et chirurgien-adjoint, le 16 septembre 1818, chirur-gien en chef, en 1819; le docteur Félix Moreau, médecin en chef, en 1819; le docteur Dufour, médecin et chirurgien-adjoint, le 6 janvier 1826; le docteur Blanpain, médecin et chirurgien-adjoint, le 30 juin 1832; le docteur Nève, médecin et chirurgien-adjoint, le 20 avril 1839, chirurgien en chef, le 21 janvier 1840, et médecin en chef, le 13 janvier 1859; le docteur Chevalier, médecin-adjoint, le 12 août 1845, médecin en chef, le 1er avril 1846; le docteur Baillot, médecin et chi-rurgien-adjoint, le 1er avril 1846, chirurgien en chef, le 26 janvier 1859, et médecin en chef, le 17 février 1874; le docteur Andreux, médecin-adjoint, le 30 mars 1859; le doc-teur Michel, chirurgien-adjoint, le 30 mars 1859, chirurgien en chef, le 17 février 1874; le docteur Gelly, médecin-adjoint, le 4 novembre 1868; et le docteur Legendre, chirurgien-adjoint, le 17 février 1874.

Avant l'installation des sœurs, les médicaments, destinés au service de l'hôtel-Dieu et à celui des indigents, étaient fournis par les pharmaciens de la ville; mais, en 1719, sur la proposition du gouverneur de l'hôpital, ces dames furent autorisées à y élever une petite pharmacie où, pendant plus d'un siècle, elles se sont bornées à faire des tisanes, des sirops, des onguents et des pommades pour les besoins de la maison, recourant aux pharmaciens pour les préparations les plus délicates. C'est ainsi que les sieurs Flobert et Magron recevaient encore, en 1810, le premier, cent seize francs trente centimes, et le second, vingt-six francs soixante centimes, pour leurs fournitures de médicaments.

Cet empiètement sur une profession où le savoir et la prudence sont si nécessaires, s'étant généralisé dans la plupart des hôpitaux, amena le Gouvernement à promulguer, le 9 pluviôse an X, les dispositions suivantes prises par le Conseil de santé de la ville de Paris :

« 1° Dans les hospices particuliers dont la direction serait » confiée aux sœurs de la Charité, ces sœurs seront chargées » d'administrer les médicaments prescrits par les officiers de » santé, en se conformant exactement aux prescriptions qui » leur seront indiquées par ces derniers.

» 2° Elles seront autorisées à préparer elles-mêmes les » tisanes, les potions huileuses, les potions simples, les » loochs simples, les cataplasmes, les fomentations, les méde-» cines, et autres médicaments magistraux semblables, dont la » préparation est si simple qu'elle n'exige pas de connaissances » pharmaceutiques bien étendues.

» 3° Il leur sera interdit de s'occuper de médicaments offici-» naux, tels que les sirops composés, les pilules, les élec-» tuaires, les sels, les emplâtres, les extraits, les liqueurs » alcooliques, et généralement tous ceux dont la bonne prépa-» ration est subordonnée à l'emploi de manipulations compli-» quées.

» 4° Les médicaments officinaux dont le besoin aura été » constaté par les officiers de santé attachés aux hospices » seront procurés aux sœurs par l'administration, laquelle fera » faire cette fourniture par un pharmacien légalement reçu.

» 5° Il en sera de même pour les drogues simples que l'ad-» ministration leur fera fournir par un droguiste connu dont » la capacité sera constatée.

» 6° Les officiers de santé attachés aux hospices veilleront » à ce que le local destiné à l'établissement de la pharmacie

» confiée aux sœurs soit situé de manière que les médicaments
» qu'elles seront obligées de garder ne soient point altérés par
» l'humidité, la lumière, la chaleur et le froid.

« 7° Indépendamment de la surveillance des officiers de
» santé de l'hospice, il sera fait de temps à autre, des visites
» dans les pharmacies des sœurs de Charité pour s'assurer si
» les drogues, tant simples que composées qu'elles auraient à
» leurs dispositions, sont de bonne qualité. Ces visites seront
» confiées à des officiers de santé délégués à cet effet, et le
» procès-verbal de chaque visite sera envoyé à l'administration
» qui en devra connaître.

» 8° Les médicaments que les sœurs conserveront dans leur
» pharmacie ne devront être délivrés que pour les malades
» de l'hospice. Il leur sera expressément défendu d'en vendre
» au public, à moins d'une autorisation spéciale de l'Admi-
» nistration.

» 9° Elles seront tenues d'inscrire sur un registre les four-
» nitures qui leur seront faites tant des drogues simples que
» des drogues composées; sur un autre registre elles feront
» mention de l'emploi de ces mêmes drogues, emploi qui ne
» pourra être fait que d'après les prescriptions des officiers
» de santé attachés aux hospices.

» 10° Toutes les dispositions comprises dans les précédents
» articles ne pourront avoir lieu que dans les hospices où il
» n'y aurait point de pharmaciens salariés; dans le cas con-
» traire, les sœurs de Charité ne pourront en aucune manière
» s'occuper de la préparation des médicaments; les pharma-
» ciens seuls en seront chargés, sauf à eux à se conformer aux
» règlements particuliers qui seront jugés nécessaires pour
» assurer le service des hospices auxquels ces pharmaciens
» seront attachés.

» Enfin, ces dispositions seront appliquées aux établissements
» de secours à domicile. »

En réglementant ainsi cette partie du service de santé dans
les hôpitaux, on avait incontestablement pour but de prémunir

les malades contre des erreurs, d'autant plus faciles à commettre qu'elles sont le plus souvent le résultat d'un défaut de
connaissances auxquelles le zèle et le dévouement ne pourront
jamais suppléer. Malgré ces prescriptions, l'administration de
l'hôpital s'affranchit, peu de temps après le transfert de l'éta-
tablissement dans les bâtiments du prieuré, non-seulement de
l'obligation de recourir à un pharmacien pour se procurer les
médicaments nécessaires à la maison, mais elle chargea une
sœur de les préparer tous indistinctement, et en autorisa la
vente au public.

De là des plaintes adressées tant à l'administration qu'à
l'autorité judiciaire par les pharmaciens de la ville auxquels
cette vente portait, en réalité, un certain préjudice. Touché
de ces plaintes, le préfet, sur l'invitation du ministre de l'intérieur, rappela, en 1828, à la commission administrative de
l'hôpital, que, si par tolérance, en faveur des indigents, il
était permis aux sœurs de vendre au public quelques médicaments magistraux, il leur était expressément défendu d'en
vendre d'officinaux. Mais la commission ne tint aucun compte
de cet avertissement; loin de là, elle approuva et même encou-
ragea, quoique tacitement, la conduite de la sœur chargée du
service de la pharmacie.

Les pharmaciens réclamèrent de nouveau, le 29 janvier
1844, et s'adressèrent, cette fois, au procureur du roi, lequel
prescrivit aussitôt d'avoir à cesser cette vente; et comme
la commission ne se souciait pas de renoncer à un revenu
de trois mille francs, au moins, qu'elle en retirait, elle ne vit
d'autre moyen d'éluder cette prescription que de confier la
gestion de son officine à un jeune pharmacien auquel elle
alloua, avec la nourriture et le logement, un traitement de
douze cents francs par an.

Cette mesure n'ayant point été ratifiée par le ministre, le
préfet dut, le 16 avril suivant, notifier ce refus à la commission,
et interdire à la pharmacie de l'hôpital de vendre tous médi-
came ·s, fussent-ils préparés par un pharmacien. La commission résista à cette nouvelle injonction, parce que, ayant

appris que l'hôpital de Saint-Denis était l'objet de semblables poursuites, elle voulait, avant de céder, en connaître le résultat. Elle écrivit, en conséquence, au maire de cette ville, et satisfaite des renseignements qu'elle reçut, elle annonça, le 7 mai suivant, son intention de résister aux prescriptions ministérielles jusqu'au jour où il serait définitivement statué sur cette question. Elle pria alors un des députés de la Meuse de vouloir bien faire les démarches nécessaires pour obtenir du ministre une solution favorable aux intérêts de l'hôpital.

Cette intervention, sur laquelle on avait fondé les plus belles espérances, ayant échoué, et le préfet, de son côté, ayant refusé d'approuver le traitement du pharmacien, celui-ci fut remercié, le 16 février 1845, et la pharmacie, remise entre les mains d'une sœur, avec la recommandation expresse de ne vendre que les médicaments les plus simples, ce dont elle s'est fort peu préoccupée; parce que sachant que la commission, après avoir écrit, le 10 mars suivant, au maire de Lyon, au sujet de l'action intentée, pour le même motif, aux hospices de cette ville, et que cette action donnait lieu à la plus vive opposition, elle se croyait plus fondée que jamais à laisser les choses dans l'état où elles étaient.

Quatre années plus tard, les membres du jury médical ayant signalé au préfet, dans leur rapport de 1849, l'hôpital de Bar, comme se livrant illégalement à la vente des préparations pharmaceutiques; la commission fut invitée à s'expliquer sur ce fait, et répondit, le 6 août 1852, que tout en reconnaissant l'exactitude du fait elle ne se croyait pas coupable de la moindre infraction, parce que, du moment où la pharmacie de l'hospice inspirait assez de confiance pour être chargée de fournir des médicaments, tant magistraux qu'officinaux, aux malades du bureau de bienfaisance et à ceux de la prison, elle ne voyait pas pourquoi il ne lui serait pas permis d'en vendre au public, d'autant plus, ajoutait-elle : « que parmi les pharmaciens eux-» mêmes, il en est qui viennent s'approvisionner de médica-» ments composés qu'on sait mieux y préparer que dans leurs » officines. » Et, rappelant toutes les tentatives déjà faites pour s'opposer à cette vente, elle demandait qu'on voulut bien la tolérer comme elle l'avait été jusqu'alors par les administrations précédentes, parce que s'il en était autrement, l'hôpital se trouverait privé d'une des principales sources de ses revenus, ce qui le mettrait dans la dure nécessité de renvoyer une partie de ses vieillards.

Plus tard, sur les observations de l'Inspecteur général des établissements de bienfaisance, le préfet reçut, le 20 novembre 1852, du ministre de l'intérieur, l'invitation de prévenir le maire d'avoir à faire cesser cette vente : invitation à laquelle ce fonctionnaire dut naturellement se conformer, et dont il n'a été tenu aucun compte.

Enfin, à une nouvelle réclamation des pharmaciens, adressée au maire, comme président de la commission administrative de l'hospice, celle-ci y répondit dans sa séance du 7 janvier 1870, en ʼonnant purement et simplement acte à ce magistrat de sa communication. Et la pharmacie de l'hôpital continue, quand même, à être une officine ouverte au public.

Quant à l'exercice du culte de la maison-Dieu, il paraît y avoir de tous temps été accompli. Un chapelain, pris successivement parmi les membres d'une des communautés religieuses établies dans la ville, et en dernier lieu parmi les membres du clergé de l'église Notre-Dame, y célébrait tous les jours le service divin, y acquittait les fondations religieuses, y administrait les secours spirituels, et, assisté du marguillier de Notre-Dame, conduisait au cimetière de la rue des Clouères toutes les personnes qui venaient à y succomber. Il y eut toutefois, à certaines époques, deux religieux appelés à remplir ces diverses fonctions : l'un était chargé de l'ordinaire et l'autre des fondations. Mais comme l'Hôtel-de-Ville ne vit jamais dans cette disposition, qu'un surcroît de dépenses, il invita l'hôtel-Dieu, notamment, en 1668, à se contenter d'un seul chapelain, et à laisser aux Antonistes le soin d'acquitter la fondation de Martin Lemarlorat, ainsi qu'ils y étaient tenus, en leur payant les trente gros qui y étaient attachés. Cette prescription fut probablement observée pendant quelques années, mais dans la suite, on ne paraît pas s'en être beaucoup préoccupé; en 1786, elle était complètement méconnue, les messes hautes étaient célébrées par un prêtre, et les messes basses, par un autre.

Le traitement alloué à ce chapelain était de vingt-six francs barrois, en 1573; de cent vingt-six francs, en 1683; de cent quarante francs, en 1686; de quatre-vingt-cinq livres de Lorraine, en 1786; de deux cents livres, cours de France, pour les messes basses, et de vingt-sept livres, pour les messes hautes, en 1790; de quatre-vingt-six livres, en 1791; de cent cinquante francs, en 1806; de deux cent cinquante francs, en 1829; de quatre cents francs, en 1851, et est actuellement de sept cents francs, depuis le 1er janvier 1873.

Les chapelains dont les noms ont été conservés sont : Pierre Regnault, en 1700; Etienne Poupart, en 1704; Joseph Etienne, en 1711; André, en 1722; Charles Bardot, en 1741; François Bardot, en 1782; Drai, ancien supérieur du couvent de Saint-Augustin, en 1791; Nicolas Douel, ancien chanoine de l'ordre des Prémontrés, jusqu'au 12 frimaire au XI, époque de la suppression du culte, et réintégré dans ses fonctions, à la réouverture des églises; Hacquart, en 1818; Paul, en 1826; et Laviron, en 1829, lequel fut le dernier appelé à remplir seul, le service religieux de l'hôpital. Depuis, à la suite d'une demande de Monseigneur de Verdun, en date du 12 août de cette même année, ce service se trouve partagé, avec ses émoluments, entre les vicaires de l'église Notre-Dame.

Sur les neuf cent soixante et une messes fondées à l'hôtel-Dieu, trois cent quatre-vingt-quatorze seulement y étaient célébrées, en 1765; savoir : trois cent cinquante-neuf, par son chapelain; vingt-trois, par un prêtre étranger, et douze, par les religieux de Saint-Antoine. Mais à partir de la tourmente révolutionnaire de 89, il n'y en eut plus une seule d'acquittée; l'Etat s'étant emparé, à cette époque, de toutes les propriétés, meubles et immeubles, constituées pour leurs fondations. Il y a donc lieu d'éprouver la plus profonde gratitude pour la commission administrative de l'hôpital qui, frappée, il y a peu de temps, d'un pareil oubli, eut la louable pensée de ne point le' laisser subsister plus longtemps. S'adressant alors à l'évêque de Verdun, elle lui fit part de son intention de répondre, autant que les circonstances le lui permettraient, aux intentions pieuses des auteurs de ces fondations, et lui exprima, le 7 juin 1872, son désir de leur voir accorder une part dans les saints sacrifices qui se célèbrent dans la chapelle de la maison.

Monseigneur Hacquart, heureux de cette preuve de respect pour les anciennes obligations contractées par l'hôpital, souscrivit avec bonheur à ce qui lui était demandé, et rendit le 14 janvier 1873, l'ordonnance suivante :

« Il sera célébré annuellement et gratuitement par MM. les
» aumôniers dans la chapelle de l'hospice de Bar-le-Duc, douze
» messes pour les anciens bienfaiteurs de cet établissement,
» auteurs des fondations dont les revenus ont disparu par suite
» des commotions politiques, ou sur lesquels on ne peut don-
» ner présentement des renseignements suffisants.

» Ces messes seront dites les premiers mardi de chaque
» mois, et en cas d'empêchement l'acquit en sera remis au
» premier jour non empêché. »

Les fondations non acquittées en 1768, étaient les suivantes :
le 13 mai 1342, par le duc Robert, une messe pour le lundi de chaque semaine, moyennant une rente de deux livres tournois, à percevoir sur la prévôté de Bar.

Le 23 décembre 1533, par Etienne Gentil, douze messes par an, moyennant une rente de deux francs barrois.

Le 7 avril 1603, par Claude Pargny, commandeur de la commanderie de Marville, religieux de Saint-Antoine, deux messes par an, moyennant un capital de deux cents francs, et le 19 avril 1615, une troisième messe, moyennant un capital de cent francs.

Le 19 janvier 1612, par Jean Collot, religieux de Saint-Antoine, une messe par an ; donation de cent francs.

Le 7 juin 1613, par Nicolas Brichart, religieux de la commanderie de Saint-Antoine de la ville de Bar, trois saluts par an; donation de cent cinquante francs.

Le 19 octobre 1616, pour la famille Peschard, de Bar, une messe toutes les semaines; donation de cinq cents francs.

Le 25 janvier 1622, par Frémin Grégoire, commandeur de la commanderie de Bar, une messe tous les samedis; donation de trois cents francs.

Le 15 octobre 1647, par Jean Gérard, commandeur de la même commanderie, plusieurs services religieux: donation d'un capital de treize cents francs produisant une rente de quatre-vingt-onze francs.

Le 24 février 1662, par Jacques Bermont, seigneur de Tornisy, et Marie Peschard, sa femme, deux messes par an, à la condition d'être inhumés dans la chapelle près du tombeau de leurs père et mère; donation de douze cents livres.

Le 6 avril 1685, par messire de Bambourg, grand veneur de son Altesse le duc de Lorraine, une messe par an; donation de cinquante-six livres.

Le 5 septembre 1699, par François Oudinot, chanoine du chapitre de Saint-Maxe, une messe par an; donation de douze cents livres.

Le 15 août 1701, par Catherine Godard, douze messes par an; donation de deux cent quarante livres.

Le 16 avril 1708, par Marguerite de Bermont, veuve de Charles de Reims, seigneur de Sorcy, une messe par an, le our anniversaire de sa mort, et pour respecter les intentions. de son père, Jacques de Bermont, à la condition de rester inhumé près de ses ancêtres; donation de mille livres.

Le 28 mai 1724, par Anne-Catherine Levandier, veuve de Nicolas de Veez, seigneur d'Auzécourt, une messe basse de *Requiem* tous les jours de l'année, à l'intention des chanoines réguliers de Saint-Augustin, de l'ordre de Saint-Antoine, donation de tous ses biens, évalués à la somme de sept mille quatre cent onze livres de Lorraine.

Le 10 juillet 1728, par messire Bordet, chanoine de saint Pierre, quatre messes par an; donation de quatre cents livres.

Les fondations remplies par le chapelain étaient celles qui avaient été faites : le 17 novembre 1548, par Pierre Valtrin, commandeur de Briey, supérieur de la commanderie de Bar, une messe tous les jeudis; donation d'une rente de quarante-six francs Barrois : messes que les Antonistes se sont refusés d'acquitter lorsque la gestion de l'hôtel-Dieu leur eut été enlevée, malgré une décision de la Chambre des Comptes qui les y contraignait.

Le 16 octobre 1619, par Alexandre Oudart, chanoine du Chapitre de Saint-Maxe, une messe de la Passion, tous les vendredis; donation d'un capital de dix-neuf cent quarante-sept francs neuf gros deux blancs.

En 1630, par Nicolas Maquillot, de Condé, une messe le premier lundi de chaque mois.

Le 3 avril 1651, par Gaspard de Bourges, président de la Chambre des Comptes, une messe le lendemain du jour des Rameaux; donation de mille livres.

Le 31 décembre 1714, par Jean-Baptiste Mordat de Martinet, une messe avec *De profundis*, tous les mardis; donation de quinze cents livres tournois. Vingt-six de ces messes devaient être dites à son intention, treize à celle des âmes du purgatoire, et treize au profit des personnes décédées à l'hôtel-Dieu.

Le 31 décembre 1718, par Jean-Marie-Etienne de Rabeaumont, chanoine de Saint-Pierre, curé de Notre-Dame, et par Henri-Joseph, son frère, vicaire de cette paroisse et chapelain de l'hôtel-Dieu, une messe le premier jeudi de chaque mois; donation de deux mille quatre-vingts livres.

Le même jour, par Catherine Neutrillot, une messe avec *De profundis* le deuxième lundi de chaque mois à son intention et à celle de sa famille; donation de deux cent quarante livres de France.

Idem, par Françoise de Briet, veuve de Jacques Drouin, seigneur de Vassincourt, une messe avec *De profundis*, les troisième et quatrième lundis de chaque mois, et le cinquième, lorsqu'il existe; quatorze de ces messes devaient être dites à son intention, et toutes les autres à celle de sa famille.

Le 21 septembre 1721, par Marguerite de Bermont, une messe avec *De profundis* tous les samedis à son intention et à celle dé sa famille; donation de cinq mille francs barrois.

Le 27 septembre 1722, par Marie Lambert de la Moore, veuve de Nicolas André, seigneur de Queny, une messe avec *De profundis*, les deuxième et troisième jeudis de chaque mois; donation de trois cents livres.

Le 25 septembre 1724, par Jeanne-Marie de Calmet, comtesse d'Apremont, femme de Olivier de Jean, seigneur de Marats, une messe basse, tous les mois; donation de trois cents livres, avec l'obligation d'en consacrer la rente aux pauvres de la ville, si l'on venait à cesser de dire ces messes.

Le 16 décembre 1746, Charles de Reims, vicaire de Notre-Dame, donation de quatre-vingt-treize livres, pour compléter la somme nécessaire à la célébration des vingt-quatre messes fondées par sa mère.

Par Sébastien de Marien, une messe le jour de la fête de saint Sébastien.

Par ***, une messe tous les mercredis.

Par Dufour, une messe le jour de la fête de saint Denis, patron de l'hôtel-Dieu : messe qui, après avoir été célébrée, dans le principe, le troisième dimanche du mois d'octobre, conformément à une décision de l'évêque de Toul, le fut ensuite le jour de la fête de saint Nicolas, la fête des enfants, et l'est actuellement, d'une manière invariable, le 9 octobre, jour de la fête de saint Denis.

Les messes célébrées par un prêtre étranger à la maison, désigné par le gouverneur, avaient été fondées, savoir : le 27 mai 1620, par Louis Roussel, chapelain de Notre-Dame, une messe par an; donation de cinquante francs.

Le 12 septembre 1636, par Claude de Blaire, capitaine enseigne de la ville-haute, et Marie Jacquemet, sa femme, une messe, les jours de la Purification, de l'Annonciation, de l'Assomption, de la Nativité, et de la Conception, et une messe, le quatorze juin, à leur intention et à celle de leurs parents et de leurs amis décédés.

Le 3 décembre 1664, par Nicolas Psaume, chanoine de Saint-Pierre, une messe le jeudi des Quatre-Temps; donation d'un capital de cinq cents livres constitué sur la commune de Savonnières-devant-Bar.

Le 22 mars 1672, par Masson, trois messes de *Requiem*, le 3 novembre de chaque année, à son intention et à celle de sa famille, avec l'obligation de distribuer, à leur issue, une somme de dix livres aux pauvres qui y seront assisté; donation de trois mille trois cents livres.

Le 17 février 1673, par Gallois, curé de Lavallée, une messe la veille ou le lendemain du jour de la fête de saint Nicolas; donation de tous ses meubles représentant une somme de quatre cent quarante-neuf francs barrois.

Le 27 janvier 1744, par François de Lescaille, conseiller an bailliage de Bar, une messe le 19 décembre de chaque année, pour le repos de son âme, et une le 1er mai à l'intention de sa famille; donation de trois cents livres.

Le 21 décembre 1772, par Barbe Thonel, une messe le 7 janvier de chaque année; donation de cinquante livres.

Par l'hôtel-Dieu, cinq messes par an, dont deux à l'intention de Barbe de Blaire; deux, à celle du président d'Alençon, et une à l'intention d'Antoine Gainot, en reconnaissance de leurs services et de leur dévouement à ses intérêts.

Enfin, les messes célébrées par les religieux de Saint-Antoine, étaient celles fondées par Martin Lemarlorat, procureur général du bailliage de Bar, savoir: une messe, les jours de la Purification, de l'Annonciation, du Jeudi-saint, de l'Ascension, de la fête du Saint-Sacrement, de l'Assomption, de la Nativité de la sainte Vierge, de la Toussaint, de la Conception et de Noël; donation d'une rente de trente gros, le 21 mai 1585; et deux messes fondées par Catherine Moat, pour les cinquièmes jeudis de l'année.

L'impossibilité où continuait à se trouver l'hôtel-Dieu, de venir en aide à des besoins, de jour en jour plus nombreux, amena naturellement l'Hôtel-de-Ville à se préoccuper de cette situation; et, comme pour l'améliorer, il ne pouvait s'imposer le plus léger sacrifice, tant ses finances laissaient à désirer, il consulta l'ordonnance du 1er avril 1559, relative aux dispositions prises à l'égard des Antonistes, au moment où la gestion de cette maison leur avait été enlevée, afin de s'assurer si ces religieux, en continuant à consacrer seulement une somme de trois cents francs barrois à l'entretien de douze lits, se conformaient aux intentions du duc Charles III; et convaincu du contraire, en raison surtout de la dépréciation survenue dans le numéraire, et de l'augmentation dans le prix des objets de consommation, il décida qu'il leur serait demandé de vouloir bien augmenter leur allocation, proportionnellement à la dépense nécessitée pour l'entretien de ces douze lits.

L'hôtel-Dieu fut en conséquence chargé de leur faire cette réclamation; et en la leur adressant, il s'appuya sur ce qu'ils pouvaient d'autant plus facilement y faire droit, que détenteurs de toutes les anciennes propriétés, ils en retiraient, de jour en jour, un revenu plus important. Mais ils la repoussèrent, et motivèrent leur refus, non-seulement, sur ce qu'ils remplissaient exactement leurs engagements, en lui donnant chaque année, une somme de deux cent quarante livres, représentant celle de trois cents francs barrois à laquelle ils étaient tenus; mais sur ce qu'ils lui procuraient une économie de cent soixante livres, au moins par an, en célébrant tous les dimanches, la messe dans sa chapelle, en y faisant l'eau bénite, et en fournissant le pain et le vin nécessaires au service divin, le tout gratuitement, et sur ce qu'il n'était pas aussi dénué de ressources qu'on voulait bien le prétendre, puisque malgré ses dépenses de l'année précédente, il avait encore des capitaux en caisse. Enfin, ajoutaient-ils, on ne pouvait sans commettre la plus grande injustice, les rendre responsables de sa mauvaise administration, comme d'avoir aliéné, entre autres, au prix de onze mille deux cents livres, une maison achetée quatorze mille cinq cents, quelques années auparavant; ni méconnaître les droits de l'Eglise, ainsi qu'on voulait le faire, parce que : « S'il est vrai que la cause des pauvres est tou- » jours privilégiée, celle de l'Eglise ne peut pas l'être moins.

4

» Si le Seigneur a traité les pauvres comme ses enfants, il a
» donné à l'Eglise le titre honorable de son épouse, et l'acquit
» du service divin qui a été la première condition de la fonda-
» tion de la maison de Saint-Antoine de Bar, n'a pas moins
» de faveur que les œuvres de charité qui n'en ont été que la
» seconde. »

Ces raisons plus ou moins spécieuses n'étaient point de
nature à modifier la conviction de l'Hôtel-de-Ville; aussi sur
ses plaintes et celles de l'hôtel-Dieu, la Chambre des Comptes
désigna, le 27 avril 1727, deux de ses membres et le curé de
Notre-Dame, pour apprécier jusqu'à quel point leurs réclamations étaient fondées. De là un procès qui ne dura pas moins
de vingt-sept ans. En vain les Antonistes ont-ils contesté au
gouverneur de l'hôtel-Dieu le droit d'intervenir dans le débat,
et à l'avocat, sa qualité pour soutenir les intérêts de l'établissement. En vain ont-ils fait les démarches les plus actives pour
ne point être obligés d'élever leur allocation, ils se virent
condamnés à la porter à la somme de cinq cents livres de
France, par une ordonnance du duc Stanislas, en date du
10 avril 1752; et de plus le supérieur général de leur ordre
leur signifia, le 12 octobre suivant, d'avoir à renoncer à leurs
nouvelles prétentions sur les libéralités faites à cette maison
depuis qu'ils en avaient été éloignés, ainsi que sur toutes
celles qui pourraient lui être faites à l'avenir.

Pendant cette instance, la plus sévère économie fut intro-
duite à l'hôtel-Dieu; on congédia les deux valets des pauvres,
devenus inutiles depuis l'institution de trois agents, appelés à
s'opposer à la mendicité, conformément à l'ordonnance du duc
Léopold sur l'aumône publique, mesure sur laquelle, on dut
revenir, un peu plus tard, lors de la suppression de ces
agents. Des dispositions relatives à son service intérieur furent
arrêtées, le 1er septembre 1729 (R). Défense ensuite y fut
faite, le 16 novembre 1740, d'y élever des porcs et des vo-
lailles; et, pour mettre ses dépenses en rapport avec ses ressources, la population y fut fixée, le 16 avril 1751, à quarante personnes, non compris celles qui, en cas d'urgence,

y seraient admises, pour de graves accidents; savoir : quatre
sœurs, douze hommes, huit femmes et seize orphelins, de l'un
ou de l'autre sexe. Toutefois on dut y subvenir à une dépense
très-considérable, pour le moment, en consacrant une somme
de sept mille cinq cent quarante et une livres au déplacement
et à la translation, dans une maison attenant actuellement à la
filature de messieurs Bompard, du four banal du quartier du
Bourg, devenu des plus incommodes par la grande étendue de
terrain qu'il occupait dans son jardin, et par la fumée qui s'en
dégageait. On vit alors les Antonistes donner une nouvelle
preuve de leur avidité et de leur mauvaise foi, en s'opposant,
comme copropriétaires de ce four, pour la moitié de son revenu, et le chapelain de Notre-Dame, pour un quart, à ce
qu'il fût établi, rue des Écuries, aujourd'hui rue du Coq, dans
une maison donnée, à cette intention, le 30 novembre 1723,
par le duc Léopold. Ils prétendirent que cet emplacement,
n'était point assez central et comme tel, nuirait à leurs intérêts;
aussi ils se refusèrent de contribuer à cette dépense, quoiqu'en
toute justice ils y fussent obligés.

Vingt années environ plus tard, la Chambre des Comptes
profita de ce que le contrôleur général des finances cherchait
à se renseigner sur la situation effective de tous les hôpitaux,
hôtels-Dieu et maladreries du royaume, pour lui exposer, le
4 janvier 1775, l'impossibilité où se trouvait l'hôpital de Bar de
recueillir, conformément à la prescription qui venait de lui
être faite, tous les infirmes et vieillards indigents de la ville et
des autres localités du bailliage, et pour le prévenir qu'il en
serait ainsi, tout le temps qu'on ne lui aurait pas restitué ses
anciennes possessions, à moins de venir à son aide, en lui
allouant quelques secours extraordinaires. Prévenue, ensuite,
peu de temps après, de l'intention où l'on était de réunir les
religieux de Saint-Antoine, avec leurs biens et leurs revenus, à
l'ordre des chevaliers de Malte, vu l'état de décadence dans
lequel ils étaient tombés, elle s'éleva, le 4 décembre suivant,
contre ce projet, qui devait préjudicier aux intérêts de l'hôpi-

tal, on lui créant une difficulté de plus à surmonter dans la re-
vendication de son ancien patrimoine, et elle saisit cette occasion pour faire ressortir, de nouveau, combien, enfin, il serait
urgent et équitable de faire droit à ses diverses et légitimes
réclamations.

N'ayant obtenu aucune réponse, et froissée d'un pareil silence,
la Chambre des Comptes recourut directement au roi, et dans sa
requête du 27 août 1778, après lui avoir fait l'historique som-
maire de la maison-Dieu, lui avoir exposé les motifs pour lesquels son administration avait été confiée aux religieux de Saint-
Antoine et ceux pour lesquels elle leur avait été enlevée, et lui
avoir signalé la surprise dont Nicolas de Vaudémont d'abord,
et le duc Léopold, ensuite, avaient été l'objet de la part de ces
religieux, en ne les obligeant qu'à consacrer une somme des
plus insuffisantes à l'entretien de douze lits, quoique leur
situation financière permît, chaque fois, d'en exiger davantage,
surtout sous le dernier de ces princes, alors qu'au nombre de
huit membres seulement, dont se composait leur commanderie,
ils ne percevaient pas moins de quatorze mille livres rien qu'en
revenus de leurs immeubles, elle lui demanda, avec la plus vive
instance, de vouloir bien faire remettre l'hôpital en possession
de toutes ses anciennes propriétés, ajoutant que s'il devait en
être autrement, il y avait au moins lieu d'imposer aux chevaliers de Malte, leurs détenteurs, depuis 1777, l'obligation de
le mettre à même de pouvoir nourrir, entretenir et soigner
tous les indigents et les malades qui devaient y être reçus,
conformément aux lettres patentes de 1385, et aux décrets des
19 avril et 4 mai 1498.

A la suite de cette réclamation est intervenue une décision
ministérielle, en date du 16 mars 1779, stipulant que, du moment où la rente de cinq cents livres, perçue sur la commanderie, était reconnue insuffisante pour l'entretien de douze
lits, elle devait être portée, à l'avenir, au chiffre fixé pour les
portions congrues; ce qui fut accueilli avec d'autant plus de
satisfaction qu'il en ressortissait une reconnaissance implicite

do tous los droits do l'hôpital sur son ancienne dotation. Mais comme cette disposition, tout en étant rigoureusement appliquée, n'était point de nature à modifier d'une manière sensible la situation financière de l'établissement, la Chambre des comptes profita de l'analogie que l'on semblait établir entre la dette des religieux do Saint-Antoine et celle des décimateurs, à l'égard des titulaires des dîmes, pour demander, le 30 du même mois, que cette rente soit, conformément à l'édit de 1768, augmentée des deux cinquièmes, à partir du jour où les chevaliers de Malte étaient entrés en jouissance des biens de la commanderie, et fut assez heureuse pour la voir élevée d'un sixième, et un peu plus tard, assimilée aux portions congrues du clergé, ce qui la portait, en 1790, à la somme de neuf cents livres de France.

L'hôtel-Dieu eut ensuite à se préoccuper sérieusement d'un édit rendu le 14 janvier 1780, prescrivant à toutes les maisons hospitalières de vendre leurs immeubles, et d'en placer le produit sur l'Etat, afin d'en retirer un revenu plus important. Cette mesure, en effet, lui paraissait d'autant plus compromettante pour ses intérêts qu'elle enlèverait à ses ressources leur solidité, et donnerait toute facilité de lui en soustraire une partie au profit d'établissements dans une situation encore plus fâcheuse que la sienne, et deviendrait en outre un obstacle à ce qu'il lui fût fait à l'avenir des libéralités, en immeubles, par la crainte du sort qui leur serait réservé. Aussi, sur sa demande, l'Hôtel-de-Ville pria la Chambre des Comptes de vouloir bien ne donner aucune suite à cette mesure ; et pour remédier ensuite, autant que possible, à l'état de gêne dans lequel cet établissement se trouvait, lui demanda de mettre provisoirement à sa disposition les bâtiments de la commanderie, et de le dispenser de certaines dépenses auxquelles il devait naturellement être étranger.

Si cette démarche ne fut point couronnée d'un plein succès, elle eut du moins pour résultat d'autoriser l'hôtel-Dieu, le 30 avril suivant, à surseoir à la vente de ses immeubles, et de

l'affranchir, pour toujours, de pourvoir au chauffage et à l'entretien des bâtiments de la maison de charité ainsi qu'il y était
obligé.

Plus heureux ont été les directeurs de l'atelier de charité (1),
lorsque, sur leur demande, et conformément aux lettres-patentes de Louis XVI, du mois de septembre 1780 (S), ils
furent autorisés, le 23 décembre suivant (T), à disposer de
la maison conventuelle des Antonistes, nom sous lequel la
commanderie était alors désignée, pour y transférer leur établissement, y créer des écoles pour leurs jeunes ouvriers, et
y fonder un hôpital pour les malades indigents de la ville atteints d'affections accidentelles et non contagieuses, à la condition toutefois d'en faire acquitter, à leurs frais, toutes les
fondations religieuses telles que messes, saluts et oblats. Les
chevaliers de Malte s'étaient d'autant plus facilement décidés

(1) Cet atelier avait eu pour origine la philanthropique initiative de deux
chanoines de Saint-Maxe : les sieurs André et de Cheppe, lesquels ayant
rencontré, un jour, une belle et forte fille revenant du bois, un fagot sur le
dos, lui observèrent que ce n'était point là une occupation pour son âge; et
comme elle leur répondit qu'elle manquait d'ouvrage, et ne pouvait faire
autre chose, ils conçurent aussitôt le projet de remédier autant que possible
à une situation aussi fâcheuse, et louèrent, en conséquence, une chambre,
rue des Grangettes, où, sous la surveillance de deux sœurs de la Doctrine
chrétienne, des enfants, appartenant surtout à des familles indigentes, furent
employés à nettoyer et à dévider du coton, et reçurent, en même temps des
leçons de lecture et d'écriture ainsi que des notions d'instruction religieuse.
Ce petit atelier fut, peu de temps après, transféré dans une galerie, située
au-dessus d'une des portes du château servant de passage à ses habitants
pour se rendre à l'église du chapitre de Saint-Maxe, et comme il y fut bientôt à l'étroit, ses fondateurs, auxquels s'était joint Jean-Pierre Millet de Ré-
jaucourt, curé de Notre-Dame, résolurent de lui donner d'autant plus de développement qu'ils se proposaient d'en augmenter le personnel, en y recueil-
lant des enfants trouvés. Ils s'adressèrent en conséquence au roi Louis XV,
pour obtenir le droit de disposer des anciennes écuries du château et des
petits terrains adjacents, ce qui leur fut octroyé le 24 août 1768, moyennant
une redevance à payer au domaine.
Recourant ensuite à la bienfaisance inépuisable de madame Adélaïde de
France, ils en obtinrent des secours, ce qui leur permit aussitôt d'élever un
bâtiment et de consacrer à sa construction une somme de six mille livres,
cours du royaume. Et comme ce bâtiment n'avait pas tardé à devenir des

à abandonner cette maison qu'ils ne se souciaient nullement
de faire les nombreuses et importantes réparations qu'elle nécessitait ; surtout, à la veille de se voir privés d'un revenu de
treize cent huit livres, prix de la location de deux appartements
devenus inhabitables, à cause de leur état de dégradation.
Quant au motif de préférence dont les directeurs de l'atelier de
charité ont été l'objet, dans cette circonstance, il est complètement ignoré ; aucun des documents consultés ne fournit le
moindre enseignement à cet égard.

L'Hôtel-de-Ville vit dans cette cession un parti pris de ne
rien faire pour l'hôtel-Dieu ; néanmoins il ne se découragea pas,
et espérant que tôt ou tard justice, enfin, lui serait rendue,
non-seulement il s'éleva, dans une requête adressée au roi, le
17 août 1781, contre cette mesure et contre les ventes effectuées par les chevaliers de Malte, de plusieurs des immeubles

---

plus insuffisants, ils furent autorisés, le 16 août 1774, à le prolonger sur
une partie des anciens remparts et fossés de la ville, à charge d'une redevance annuelle se montant avec la précédente à la somme de soixante livres.

Disposant dès lors d'un plus vaste local, ils y installèrent des métiers à
fabriquer des bas et de la toile de coton, et fondèrent ainsi un établissement
industriel dont les résultats, au point de vue moral et matériel, dépassèrent
tellement les espérances de ceux qui avaient eu la philanthropique pensée
de venir en aide aux ouvriers sans ouvrage, qu'ils se trouvèrent et au delà,
indemnisés de leurs peines et de leurs sacrifices.

Cent jeunes filles, environ, y étaient nourries et entretenues avec une
partie des bénéfices retirés de leur travail, lorsque parut le décret du 10
décembre 1790, qui mit à la charge de l'Etat la nourriture et l'entretien des
enfants trouvés ; et comme la plupart d'entre elles appartenaient à cette caté-
gorie, ordre fut donné, le 16 avril de l'année suivante, de les renvoyer pour
être placées chez des habitants de la campagne.

Dépourvu ainsi de la plus grande partie de son personnel, cet établissement fut transformé en une manufacture où l'on eut recours aux ouvriers de
la ville, et où on leur procura du travail à domicile. Ses propriétaires
durent ensuite, conformément au décret du 14 ventôse an VII, payer à
l'Etat le quart de la valeur à laquelle il pouvait être estimé en 1790, comme
constituant un domaine engagé à raison des bâtiments et des terrains sur
lesquels il avait été construit. Enfin, après avoir été fermé quelques années
plus tard, et être resté inoccupé jusqu'en 1835, il fut aliéné, à cette époque,
au prix de 26,000 francs à des sœurs de l'ordre de Saint-Dominique pour y
tenir un pensionnat de jeunes filles, lequel est des plus prospères aujourd'hui.

dépendant de la commanderie, mais revendiqua, au nom de l'hôtel-Dieu, la propriété de cette maison, comme devant l'indemniser d'une partie de ses pertes, et lui fournir un local devenu nécessaire pour répondre aux besoins de la population.

L'hôtel-Dieu, en effet, malgré ses constructions de 1701, 1716, 1717, 1725, 1743 et 1776, ne pouvait contenir plus de soixante personnes, et encore celles-ci y devenaient-elles une cause d'insalubrité, par leur encombrement. Il se composait à cette époque de trois corps de bâtiments : le premier, séparé du second par une cour, donnait sur la rue, et comprenait au rez-de-chaussée, une chapelle avec sa sacristie, une pharmacie, une cuisine et un réfectoire ; au premier, une lingerie, un dortoir de cinq lits pour les sœurs, et une chambre servant de magasin ; le second, isolé du troisième par un jardin potager de trois verges de contenance, avait au rez-de-chaussée, deux chambres de sept lits, chacune, pour le service des hommes, et une troisième de quinze lits pour celui des femmes, et au premier, une chambre de sept lits, pour militaires, une de trente lits, et de plusieurs berceaux pour enfants, une de deux lits pour les fermiers, lorsqu'ils venaient acquitter leurs redevances, et une servant d'ouvroir ; le troisième, derrière lequel se trouvait un second jardin, renfermait une chambre à four, une boulangerie, une bûcherie et un vaste hallier avec caves et pressoir. Des caves et des greniers enfin complétaient les deux premiers bâtiments.

On comprend dès lors, combien l'Hôtel-de-Ville devait se préoccuper de trouver les moyens de donner satisfaction aux exigences de son service hospitalier ; et comme il ne pouvait y arriver, soit en recourant à de nouvelles constructions, ce qui, faute de place, était impossible, soit en diminuant le nombre des admissions de malades, ce qui ne manquerait pas d'exciter le plus vif mécontentement dans la population, il n'y a pas lieu de s'étonner de la persistance avec laquelle il demandait à disposer des bâtiments de la commanderie pour en faire une annexe de l'hôtel-Dieu.

Les directeurs de l'atelier de charité, quoique vivement contrariés de toutes ces réclamations, et de l'obstination que mettait, en outre, l'hôtel-Dieu à vouloir leur contester le droit de jouir du petit cours d'eau qui traversait les deux établissements, n'en persistaient pas moins dans leur projet d'affecter une partie des bâtiments de l'ancienne maison des Anthonistes à la création d'un hôpital (U). Ils durent toutefois en différer l'exécution, parce qu'elle nécessitait une dépense de plus de vingt mille livres, et qu'ils étaient loin de pouvoir disposer d'une pareille somme, même avec le concours du chapitre de Saint-Maxe ; lequel, pour ne point être étranger à cette œuvre, s'engageait à lui consacrer une partie des revenus de l'hôpital de Revigny, et demanda, à cet effet, au directeur général des finances l'autorisation d'en vendre les bâtiments et les immeubles, afin de pouvoir, malgré cette libéralité, continuer à en faire acquitter les fondations religieuses et à distribuer des secours aux indigents de la localité, jusqu'au jour où ceux-ci pourraient profiter des deux lits qui seraient mis à leur disposition dans ce nouvel établissement.

Mais, trois années plus tard, se trouvant en mesure de realiser ce projet, ils le soumirent à l'appréciation de la Chambre des Comptes, et la prièrent, le 7 juillet 1784, de vouloir bien l'approuver : « Après avoir pourvu à la subsistance des
» pauvres valides occupés à divers travaux, ils se propo-
» saient, lui disaient-ils, d'établir un hôpital pour les pauvres
» malades de la ville, d'autant plus qu'il n'y a à Bar qu'un
» hôpital pour vingt-cinq vieillards et vingt-cinq enfants, et
» que cet établissement n'a ni les revenus, ni les bâtiments
» nécessaires pour recevoir des malades ; ils demandent à
» être autorisés à ériger la maison des Anthonistes en hôpital,
» sous le nom d'*hôpital de l'atelier de charité*, cette maison
» devant demeurer chargée des fondations qui sont à acquitter
» par l'Eglise.

» Lorsque les emprunts de l'atelier de charité seront acquit-
» tés, les bénéfices provenant de l'ouvrage des pauvres

» seront employés à l'entretien des lits et au soulagement des
» pauvres qui seront reçus à l'hôpital.

» On sollicitera la réunion des biens de l'hôpital de Re-
» vigny actuellement désert et sans aucun service, à la charge
» de répandre dans le même village les mêmes secours dont
» il jouit aujourd'hui, et qu'il aura dans ledit hôpital deux
» lits pour les pauvres de Revigny, auxquels lits il sera
» nommé par le curé et le juge du lieu.

» Cet hôpital sera administré gratuitement par tous les
» principaux donateurs ; ainsi Messieurs du chapitre de Saint-
» Maxe, représentés par deux de ses membres, à raison du
» consentement qu'ils donnent de la translation des biens de
» l'hôpital de Revigny, fondé par un de leurs membres; Mes-
» sieurs les fondateurs de l'atelier de charité qui donnent la
» maison où doit être érigé l'hôpital et qui lui assurent les
» bénéfices de l'atelier de charité; le premier président de
» la Chambre des Comptes; le procureur général; l'avocat
» général de la même compagnie : administrateurs nés de
» l'atelier de charité. Le seront aussi les curés de la ville,
» représentés par un d'entre eux; tous les fondateurs de
» l'atelier de charité, représentés par deux d'entre eux ou
» par deux personnes notables, à leur choix; et trois autres
» personnes distinguées par leur charité et leur zèle........

» Les administrateurs chercheront entre eux un receveur
» et un visiteur qui exerceront gratuitement. Le receveur sera
» chargé des recettes et des dépenses, présentera son journal
» dans chaque réunion, et un compte général, chaque année.
» Le visiteur se présentera tous les jours dans toutes les salles
» et ouvroirs de l'hôpital pour s'assurer du bon ordre et le
» rétablir s'il ne le rencontre pas, et rendra, chaque semaine,
» compte de sa mission.......

» Que les pauvres malades quittent toujours avec peine et
» une sorte de regret leur domicile pour être portés à l'hô-
» pital; que dans l'hôpital ils sont privés des consolations
» et des secours agréables que leurs proches peuvent leur
» rendre; qu'un père et une mère ne peuvent être enlevés

» du centre de leur famille, sans une sorte de préjudice pour
» la famille même à laquelle, quoique malades, ils peuvent
» encore souvent donner des ordres et des soins............
» qu'ainsi l'hôpital de l'atelier de charité sera pour les
» pauvres attaqués de maladies accidentelles et momentanées,
» et non pour ceux qui ont des maladies habituelles dont on
» ne peut espérer guérison.

» Les pauvres qui auront un domicile et des parents en
» état de leur donner des soins seront secourus dans leur
» maison aux frais de l'hôpital, et autant qu'il sera en état
» de le faire, et autant encore que ces pauvres ne pourront
» être secourus par une autre voie.......

» Que les vrais pauvres que l'on se propose de secourir
» ne pourront être mieux connus que par le curé de la pa-
» roisse, et le commissaire du quartier dans lequel ils habi-
» tent, et qu'étant connus pauvres ils doivent être dispensés
» de toute sollicitation et secourus sans délai. Ceux qui sont
» sans domicile convenable et sans autre secours seront reçus
» dans l'hôpital, s'il y a place, sur le billet de messieurs les
» curés et commissaires du quartier où se trouvera le pauvre....

» Tous les membres de la commission se réuniront une
» fois, par semaine, sous la présidence du membre de la
» Chambre des Comptes le plus élevé en dignité, et en cas
» d'absence, sous celle d'un des curés de la ville....... »

La Chambre des Comptes n'eut pas plus tôt accédé à leur
demande, qu'ils se préoccupèrent d'approprier une des salles
de la commanderie et d'y placer quelques lits; mais le nombre
en étant devenu bientôt insuffisant, et leurs ressources ne
leur permettant pas de l'augmenter, ils proposèrent, le 8 janvier 1786, de le porter à douze, y compris celui fondé par
l'abbé de Cheppe, l'un d'entre eux, et de charger l'hôtel-
Dieu de leur entretien, à l'exception du dernier, moyennant
l'abandon qu'ils lui feraient de la maison des Anthonistes. La
Chambre des Comptes, tout en applaudissant à leur zèle et à
leurs louables intentions, leur exprima, le 18 du même mois,
le regret de ne pouvoir, pour le moment, charger l'hôtel-Dieu

de l'entretien de plus de huit lits, parce que, sauvegardienne
de ses intérêts, elle arriverait à les compromettre en disposant
d'une partie par trop considérable de ses ressources, au profit
d'un service tout à fait indépendant du sien. De plus elle
les prévint qu'il n'y aurait lieu de songer à établir les trois
autres lits que lorsque les circonstances le permettraient;
savoir : un, lorsque l'évêque aurait exempté la commanderie
et l'hôtel-Dieu d'une partie de leurs fondations religieuses,
et les deux autres, lorsque l'hôtel-Dieu se trouverait doté,
comme on le lui faisait espérer, des revenus de quelques-uns
des petits hôpitaux où il n'était plus exercé la moindre œuvre
d'hospitalité, ou lorsque, par suite d'un excédant de ses
recettes sur ses dépenses, il serait en situation de pourvoir à
leur entretien. Toutefois, elle les autorisa à en créer trois et
même six, à leur gré, pour les ouvriers de leur fabrique, en
attendant ceux dont elle approuvait l'installation, mais à la
condition de payer dix sous par jour, et par lit occupé, et de
soumettre à sa sanction le billet d'entrée de chaque malade (V).

Les directeurs de l'atelier de charité, en faisant leur proposition, n'avaient d'autre but que d'être en mesure de recueillir un plus grand nombre de malades, et, le voyant à
peu près atteint, se rendirent aux observations de la Chambre
des Comptes (X). Celle-ci, dès lors, décida dans sa séance du
13 février suivant (Y), qu'il serait demandé au roi et au
général de l'ordre des chevaliers de Malte, de vouloir bien
sanctionner la cession qui venait de lui être faite, au profit de
l'hôtel-Dieu, de la maison conventuelle des Anthonistes; et,
cette sanction obtenue, il lui fallut encore attendre deux ans,
avant de pouvoir disposer de cette maison, parce que, louée
en partie, ses baux n'expiraient qu'à cette époque. Aussi
son premier acte de possession ne date-t-il que du 5 janvier
1788 (Z), lorsqu'elle prescrivit à l'hôtel-Dieu d'avoir à y transférer tous ses malades, à partir du 1er juillet suivant, et lui
imposa l'obligation de subvenir aussitôt leur entrée, à l'entretien des malades admis par l'atelier de charité, à l'exception de celui placé dans le lit fondé par l'abbé de Cheppe.

Malheureusement les ressources sur lesquelles on avait compté, pour approprier ce couvent à sa nouvelle destination, vinrent à faire défaut; et il fallut, entre autres, en présence de l'énergique opposition des habitants de Revigny contre l'aliénation projetée des immeubles de leur petit hôpital, se résigner à n'ajouter qu'une salle à l'infirmerie, déjà organisée par les directeurs de l'atelier de charité.

Les quelques malades, ensuite, transférés dans cette maison, furent obligés d'en sortir, le 27 juillet 1789, pour faire place à des militaires malades et blessés, d'où lui est venu son nom d'*hôpital militaire*, qu'elle conserva jusqu'au 16 germinal an IV, et furent dirigés sur l'hôtel-Dieu où ils ne tardèrent pas à occasionner un tel encombrement, que l'on dut, en l'an II, en évacuer toutes les femmes et les enfants sur le prieuré Notre-Dame (1), devenu, à cette époque, propriété nationale.

Comme tou· les établissements de bienfaisance, l'hôpital de Bar eut considérablement à souffrir de la révolution de 1789. Il vit toutes ses propriétés saisies, plusieurs de ses immeubles aliénés, la majeure partie de ses ressources confisquées, et ses sœurs forcées de s'éloigner; aussi n'existant plus que de nom, ses portes furent fermées pendant un certain temps.

De l'examen des divers états, dressés les 28 frimaire et 1er floréal an V, les 1er messidor an VII, 12 thermidor an XI, et 18 ventôse an XII, tant par les receveurs des domaines que par l'administration départementale, il résulte que ses portes

___

(1) Ce prieuré, fondé par la comtesse Sophie, petite-fille de Thierry, duc de Lorraine, et mariée, en 1072, à Louis, comte de Montbelliard, fut placé, en 1088, par l'évêque Pibon, sous la juridiction des religieux de l'ordre de Saint-Benoît, de la ville de Saint-Mihiel, à la maison abbatiale desquels il a ensuite été réuni, conformément à une bulle de Sixte IV, donnée en 1480; puis en a été séparé, en 1607, par le cardinal de Lorraine, *légat à lælare*, dans les duchés de Bar et de Lorraine, en vertu d'un bref du pape Paul V, pour être donné au chapitre de Saint-Maxe de la ville de Bar, dont il dépendait encore en 1782.

se sont élevées au chiffre de soixante-quatre mille francs, au moins, savoir :

Capitaux placés en constitution dont l'Etat s'est
   emparé. 24,526ᶠ 60ᶜ
Rentes et arrérages touchés par le Trésor. . . . 1,104 20
Créance sur un sieur Bermont, émigré. . . . . . 600 »
Constitution sur la ville de Paris. . . . . 637 »
Constitution sur la confrérie du Saint-Sacrement
   de la ville de Bar . . . . 82 »
Constitution sur l'ordre des chevaliers de Malte . 7,741 93
Cens sur les moulins de Revigny, représenté par
   un capital de. 1,801 80
Capitaux saisis dans la caisse du receveur. . . . 961 41
Récolte des vignes, saisie en l'an iv, évaluée. . . 1,750 »
Vignes, terres et prés vendus au profit de l'Etat. 24,887 80

Et néanmoins l'administration des domaines ne voulut plus les porter, le 13 frimaire an xiii, qu'à la somme de soixante mille quarante et un francs soixante-dix-huit centimes.

Les immeubles dont il eut à déplorer la perte, et dont les aliénations eurent lieu, les 27 germinal, 28 floréal, et 8 messidor an iii, consistèrent : 1° en onze cent soixante-huit verges de vigne, dont : cent quatre-vingt-six verges et demie, sur les deux cent vingt qu'il possédait à Bar ; cent cinquante-sept verges et demie, sur quatre cent six, à Chardogne ; cent quinze verges, sur deux cent treize, à Fains ; quatre cent quarante-trois verges, sur sept cent vingt et une, à Longeville ; cent quatre-vingt-dix-huit verges et demie, sur quatre cent cinquante-huit, à Rembercourt-sur-Orne ; et soixante verges et demie sur quatre-vingt-sept, à Varney ; 2° en une ferme située à Contrisson, louée, en 1790, deux cent quarante-sept livres ou quatre-vingt-quatorze paires, blé et orge, au choix du fermier, estimée quatre mille huit cent soixante-dix-huit livres, et vendue quatre-vingt-huit mille sept cent cinquante-huit livres ; 3° en une ferme située à Erize-la-Brû-

lée, de vingt-deux jours quatre-vingt-quatorze verges de terre
et de quatre-vingt-dix-neuf verges de pré, louée soixante
livres ou trente-six paires, blé et avoine, et vendue quarante-
deux mille deux cent soixante et quinze livres, quoique seulement évaluée à la somme de seize cent cinquante livres;
enfin, en une ferme située à Vavincourt, de quatre-vingt-
quinze jours soixante et quatorze verges de terre et de quatre
fauchées de pré, louée cent cinquante-six paires, blé et avoine,
et vendue trois cent quatre-vingt-cinq mille cinq cents livres,
tout en n'ayant été estimée que neuf mille deux cent vingt-
deux livres. Ces diverses aliénations, toutefois, n'ont produit
que la somme de vingt-quatre mille huit cent quatre-vingt-
sept francs quatre-vingts centimes, par suite de la dépréciation
où était alors tombé le papier-monnaie, valeur au moyen de
laquelle elles avaient été effectuées.

Mais là ne devait pas se borner l'atteinte portée aux ressources de la classe indigente; ainsi la ville, de son côté, eut
non-seulement à subir la perte d'une allocation de deux mille
trois cents livres qu'elle consacrait, chaque année, à lui venir
en aide; de sa quote-part dans une subvention annuelle de
quatre mille trois cent dix livres, répartie entre tous les indigents du district; mais d'un revenu de dix-sept cents livres
provenant de diverses fondations faites par le duc Stanislas,
en outre de ce qui pouvait lui être attribué dans les trois cent
mille livres destinées par ce prince à atténuer, chaque année,
les effets désastreux de la grêle, des incendies et des épidé-
mies, dans les localités de la Lorraine et du Barrois, victimes
de ces fléaux.

Les dispositions de l'Etat, au commencement de la Révolution, n'étaient pas cependant de nature à faire prévoir qu'il
viendrait un jour où l'on recourrait à des mesures aussi déplorables. Et, en effet, loin de songer à s'emparer des ressources
des malheureux, l'Etat se préoccupait de trouver les moyens
de calmer les populations surexcitées alors par le manque
d'ouvrage, et consacrait, en conséquence, quinze millions à
l'établissement d'ateliers de charité dans les départements où

les directoires les jugeaient nécessaires. La ville de Bar reçut ainsi, en 1791, une somme de vingt-trois mille trois cent six livres trois sous neuf deniers, sur les cent mille livres envoyées, en deux fois, au département de la Meuse ; et par une faveur spéciale, elle vit respecter les droits de l'hôpital sur la maison des Anthonistes, lorsque, le 31 décembre de la même année, le district manifesta l'intention de l'aliéner au prix de cinquante mille livres.

Cette allocation était malheureusement d'une bien faible ressource, en présence de besoins qui devenaient, de jour en jour, d'autant plus impérieux que les événements politiques prenaient un caractère plus grave. Aussi l'Hôtel-de-Ville n'ayant, dans ces tristes circonstances, d'autre moyen de venir au secours de la population, que d'en recueillir à l'hôpital les malades et les vieillards indigents, demanda, en l'an II, que l'on voulût bien augmenter les ressources de cet établissement, en lui attribuant le prix des aliénations projetées des immeubles des hôpitaux de Condé, de Mognéville et de Revigny, devenus propriétés nationales, conformément au décret du 24 novembre 1789, comme faisant partie du domaine du clergé. Mais ayant échoué dans cette démarche ainsi que dans celle qu'il fit, un peu plus tard, près du Comité de l'assistance publique, pour en obtenir des secours, alors que, conformément à la loi du 23 messidor an II, toutes les ressources hospitalières se trouvaient confisquées, il répondit, le 9 floréal an IV, à l'Administration centrale du département, qu'il lui était de toute impossibilité de disposer l'hôpital, de manière à y recevoir tous les malades du canton, comme on le lui demandait, parce que « si au moment où la Révolution » éclata, cet établissement pouvait, quoique avec la plus » grande difficulté, entretenir avec ses ressources soixante » et dix personnes, environ, ce n'était pas une raison pour » vouloir lui imposer une charge plus considérable, surtout » après les pertes qu'il venait d'éprouver ; son revenu étant » réduit à deux cent quarante quintaux de grains, tant en blé » qu'en orge et en avoine, et en trois cent quatre-vingt-une

» livres de rente, ne lui permettait même pas de subvenir aux
» besoins les plus pressants de la population, et son local
» reconnu déjà depuis un certain nombre d'années par trop
» restreint, au point qu'on avait été obligé de lui annexer
» d'abord une partie des bâtiments de l'ancienne Comman-
» derie, et ensuite la maison du Prieuré, où, malgré les
» soixante et quinze personnes qui y étaient entassées, les
» unes sur les autres, il était encore dans la nécessité d'en
» secourir quarante-trois autres à domicile, faute d'emplace-
» ment pour les loger. Il ne voyait donc d'autre moyen, pour
» satisfaire à une pareille demande, que de proposer de créer
» deux hospices, l'un au Prieuré, pour y placer les malades,
» l'autre dans le couvent des Minimes, rue de la Rochelle,
» pour y recueillir les enfants de la patrie (1). Ces deux mai-
» sons lui paraissaient d'autant plus convenables à recevoir
» cette destination, qu'étant bien placées et ayant de belles
» dépendances, elles avaient relativement une valeur peu
» importante : la première, estimée dix mille livres, pouvait
» de suite être occupée avec très-peu de frais, et la seconde,
» quoique beaucoup plus chère, puisqu'elle était évaluée
» trente mille livres et nécessitait, pour être mise en état,
» une dépense de vingt-trois mille trois cent quatre-vingt-cinq
» livres, offrait les plus grands avantages, en permettant d'y
» établir deux cent cinquante lits, et d'y organiser des ate-
» liers où les individus valides pourraient être occupés aux
» différents travaux de l'industrie cotonnière. Et que si,
» contre toute attente, sa proposition n'était point acceptée, il
» espérait du moins être autorisé à disposer du couvent des
» Minimes, non-seulement parce qu'il était très-propre à être
» converti en un établissement hospitalier, mais parce que sa
» valeur était de beaucoup inférieure à celle de l'hôtel-Dieu
» et de la maison des Anthonistes, à raison de leur situation
» dans la rue Lepelletier (2). »

(1) Nom sous lequel étaient alors désignés les enfants trouvés, abandonnés et orphelins.
(2) Désignation alors de la rue du Bourg.

Cette proposition ne fut pas plus accueillie que les précédentes; l'Etat vendit, le mois suivant, les bâtiments et les jardins des Minimes, et il ne resta plus d'autre ressource à la ville, pour soulager l'hôpital, que d'en évacuer, le 13 thermidor de la même année, les vieillards et les petits garçons, et de les diriger sur le Prieuré, sous la surveillance des cinq sœurs de Saint-Vincent-de-Paul qui, chassées de la maison de charité, s'y étaient réfugiées, et de transférer à la Commanderie toutes les femmes et les petites filles, placées au Prieuré, pour les mettre plus à la portée des sœurs de l'hôtel-Dieu.

Quant aux indigents valides dont la misère, à cette époque, était d'autant plus grande que toutes les industries se trouvaient en quelque sorte suspendues, l'Hôtel-de-Ville ne put que continuer à les occuper à des travaux publics, et, entre autres, au déblai des matériaux, provenant de l'incendie de la halle de la ville-haute, à leur transport sur le quai des Minimes, dans le but de l'exhausser et de régulariser le cours de l'Ornain dans l'intérieur de la ville; au curage du canal, et à l'adoucissement de la pente de la rue du Jard à celle de Polval (1), travaux pour lesquels il lui fut successivement alloué par l'Etat, sept mille livres, le 29 ventôse an III; quarante mille livres, le 3 brumaire an IV; douze mille livres, le 29 floréal, et sept mille, le 22 messidor de la même année; onze mille trois cent cinquante quintaux de blé et cinquante d'orge, le 26 germinal an V; dix-sept mille deux cent trente-trois livres dix sous, le 1er floréal; deux mille livres, le 18 fructidor; six mille cinq livres, le 20 du même mois et de la même année, et trente mille livres, le 1er nivôse an VI. Allocations faites, pour la plupart, en assignats et en mandats, qui furent d'une bien faible ressource dans des jours aussi calamiteux.

L'Etat, après s'être ainsi substitué, pendant deux années

(1) Travail repris et complété, en 1816, moyennant une somme de quatre mille francs.

de suite, à l'action des établissements de bienfaisance, sous le
prétexte que l'assistance devait être une dette nationale, finit
par reconnaître son impuissance à venir avec quelque effi-
cacité au secours des malheureux, en se chargeant directement de la gestion de leur patrimoine. Il résolut, dès lors, de
rendre aux hôpitaux leur ancienne existence, et commença
par les autoriser, le 8 vendémiaire an IV, à toucher celles de
leurs rentes dont les titres se trouvaient encore en dépôt dans
les caisses des districts, ainsi que les fermages de ceux de
leurs immeubles dont l'aliénation n'avait point encore été
opérée. Le 3 brumaire suivant, il prescrivit de leur rendre
ces mêmes titres, et le 16 vendémiaire an v, il consacra le
principe de les indemniser de toutes leurs pertes, en leur
en rendant l'équivalent, soit en immeubles, soit en capitaux.

Cette dernière disposition ne fut pas plus tôt connue, que
le bailliage de Bar fit dresser, le 28 frimaire an v, l'état des
pertes éprouvées par l'hôpital; et, après l'avoir adressé au
commissaire du directoire, reçut l'autorisation de mettre provisoirement l'hôpital en possession de quelques immeubles
ayant appartenu à des émigrés. L'administration centrale du
département, trouvant ensuite que ce provisoire se prolon-
geait trop longtemps, demanda au corps législatif, les 26
vendémiaire et 21 nivôse an vi, de vouloir bien le faire cesser,
en abandonnant en toute propriété à l'hôpital les immeubles
et les capitaux suivants, confisqués par l'Etat; savoir : les
trois fermes des demoiselles de Choisy, situées l'une à Varney, et les deux autres à Mognéville; un capital de quinze
cent quarante-huit livres dix sous, saisi sur Louis Macuson;
un de vingt-huit mille livres, saisi sur Baltazard Rénel; et
un de mille quatre-vingt-trois livres dix-sept sous, saisi sur
Jean-Nicolas Aubry. Mais il ne fut fait aucun droit à cette
demande, le corps législatif l'ayant purement et simplement
rejetée, le 28 pluviôse suivant.

L'hôpital ne commença donc à se ressentir, d'une manière
un peu efficace, de la loi réparatrice du 16 vendémiaire an v,
que lorsque l'Etat lui eut alloué, le 14 fructidor an x, confor-

mément au décret du 27 prairial an VIII, une somme de dix-
neuf mille cent soixante-trois francs dix centimes, représentant quinze fois le revenu des capitaux et des rentes qu'il lui
reconnaissait seulement avoir perdus.

Quant aux immeubles dont il avait été dépouillé, ce ne fut
que l'année suivante où l'on songea sérieusement à vouloir
l'en indemniser, en l'invitant à produire un état des propriétés
foncières, encore disponibles dans la Meuse qui, provenant
de personnes émigrées, pouvaient lui être attribuées. Il désigna dès lors, comme telles : le Prieuré Notre-Dame de la
ville de Bar ; soixante jours de terre et trente verges de pré
situés à Condé, formant les deux tiers restant des immeubles
de l'hôpital de cette localité devenus la propriété des Anthonistes de la ville de Bar ; six cent soixante-quinze verges de
terre et quatre fauchées de pré, situées à Brassoitte, provenant
de l'abbaye de Saint-Mihiel ; neuf jours de terre et cinquante
verges de pré, à Buxières, provenant des Jésuites ; un gagnage à Mauvages, provenant des religieuses de Sorcy ; un
gagnage à Sauvigny, ayant appartenu à un sieur de Bouverat ;
vingt-sept jours de terre et trente-cinq verges de pré, à Erize-
Saint-Dizier, provenant de la congrégation des religieuses de
Bar ; cinquante et un jours de terre, à Chauvency, provenant
des religieuses de Saint-Hubert ; trente-trois jours de terre et
deux cent vingt-cinq verges de pré, à Marville, provenant des
chevaliers de Malte ; dix-sept jours de terre et trente-cinq fauchées de pré, à Cléry, provenant des domaines du Clermon-
tois ; vingt-quatre jours de terre et dix-huit fauchées de pré, à
Dieppe, provenant de la congrégation des religieuses de Verdun ; un gagnage, d'un revenu de sept setiers, moitié blé et
moitié avoine, à Mouzay, provenant du chapitre Saint-Ger-
main de la ville de Stenay ; une tuilerie, à Hannonville ; et un
moulin, à Louvemont.

De tous ces immeubles, il ne lui fut attribué que le Prieuré
Notre-Dame, estimé dix mille francs ; la tuilerie d'Hannonville, quatre mille, et le moulin de Louvemont, douze mille ;
le tout représentant un revenu de sept cent soixante francs. Et

comme en le lui notifiant, on l'engageait à désigner quelques
autres immeubles, dont les revenus réunis au précédent com-
pléteraient la somme de dix-sept cent quatre-vingt-quinze
francs, à laquelle se montait les fermages de ceux de ses immeubles aliénés au profit de l'Etat, il lui fut donné, le 9 septembre 1809, les moulins de Vaucouleurs, dont la vente,
autorisée le 27 avril 1818, lui produisit la somme de vingt-six
mille cent francs.

La cession du Prieuré n'eut pour le moment d'autre avantage, que de mettre un terme à toutes les préoccupations de
l'Hôtel-de-Ville sur l'emplacement où le service hospitalier
pourrait être transféré, l'hôtel-Dieu étant depuis longtemps
des plus insuffisants pour répondre aux besoins de la population. Ce couvent, assez mal construit, moitié en pierre et
moitié en bois, était traversé par un petit cours d'eau, et se
composait de trois bâtiments avec de beaux greniers, de trois
caves, dont une sous l'église Notre-Dame, et d'un jardin de
trois cent soixante-treize verges. Le premier de ces bâtiments,
situé entre deux cours, constituait le corps de logis dans
lequel se trouvaient six chambres et une cuisine, au rez-de-
chaussée, et sept chambres avec deux cabinets, au premier.
Le second, séparé du troisième par une cour, comprenait une
chambre à lessive, un cabinet, une remise, et une écurie; et
le troisième, placé à l'extrémité du jardin, consistait en un
vaste emplacement occupé par des cuves et un pressoir.

Son état de délabrement et sa mauvaise disposition ne
permettant pas d'y placer des malades, on dut en attendant
le moment où l'on serait en mesure d'y faire les travaux nécessaires, se contenter d'en améliorer quelques-unes des parties, pour y établir un atelier de charité, en remplacement
de celui de la maison des Anthonistes, supprimé depuis quelque temps, et pour y loger plus convenablement les femmes
et les petites filles qui de nouveau y avaient été transférées,
et s'y trouvaient employées.

Cet atelier, ouvert le 1er janvier 1808, fonctionnait encore
dix années plus tard sous les auspices et aux frais d'un in-

dustriel de la ville, le sieur de Cheppe, qui l'avait organisé,
et continuait à pourvoir à son entretien. Trente hommes,
seize femmes, et un certain nombre d'enfants y étaient habituellement occupés; les hommes employés au tissage reçurent, comme gratification, en 1813, cent quatre-vingt-sept
francs vingt centimes, soit cinq centimes par aune de toile
fabriquée; les femmes et les enfants occupés au nettoyage
et au dévidage du coton, trois cent trente-sept francs soixante
et dix centimes, soit cinq centimes par livre de coton ap-
proprié. Et quant à ses bénéfices, ils étaient partagés, par
parties égales, entre l'hôpital et le sieur de Cheppe, après en
avoir prélevé le tiers, la première année, et le quart, les années suivantes, au profit du contre-maître, auquel il a ensuite
été alloué, à partir du 19 octobre 1814, une indemnité de
quinze francs, pour chaque enfant qui venait ou à succomber,
ou à quitter l'hôpital, pendant la première année de son apprentissage.

La première construction de quelque importance élevée au
Prieuré, fut un peu plus de la moitié Nord du bâtiment situé
à l'Est. Elle occasionna une dépense de soixante-huit mille cinq
cent cinq francs, par suite de modifications et additions ap-
portées successivement au plan primitif, et approuvées par
la commission dans ses séances des 28 février et 18 octobre
1811, et 9 mars 1812, au lieu d'une de quarante-neuf mille
deux cent cinquante-six francs, portée dans le devis arrêté
le 5 janvier 1809. Il y fut pourvu au moyen 1° d'une allocation de huit mille sept cent huit francs, faite aux habitants
par l'État, le 24 pluviôse an XIII, pour les aider à supporter la
perte de leur récolte en vin, complètement détruite par la
grêle et la gelée, et des intérêts de cette somme se montant,
le 9 décembre 1812, au chiffre de dix-sept cent deux francs;
2° d'un capital de seize mille huit cent deux francs, sur les
vingt-six mille huit cent deux francs de fonds de non-valeur
des exercices 1806 et 1807, abandonnés par l'État pour cette
construction, les dix mille francs restants n'ayant point été touchés, quoique réclamés, le 31 octobre 1811; 3° de deux mille

quatre cents francs, d'une coupe du bois de Mussey, adjugée, le 21 novembre 1808, et de deux mille neuf cent quatre-vingt-quinze francs, d'une coupe du bois de Souilly, adjugée le 27 novembre 1809; 4° de dix-huit mille francs de la vente des bâtiments et du jardin de l'hôtel-Dieu effectuée, partie en 1812, et partie en 1814; et des ressources disponibles de l'établis-sement.

Ce bâtiment commencé le 21 mars 1811, ne fut pas plus tôt terminé, que l'on s'occupa d'y transférer, à partir des premiers jours du mois d'octobre 1812, les malades et tout le matériel de l'hôtel-Dieu; mais on ne tarda pas à regretter cette précipitation, lorsque l'on s'aperçut qu'aucune disposi-tion n'avait été prise, non-seulement pour loger les cuves et le pressoir, mais pour remplacer les greniers à grains et à fourrage, les remises et les écuries, lesquels avaient été dé-truits au profit de cette construction. De là, la nécessité où l'on s'est trouvé de recourir à divers expédients jusqu'au jour où, pour réparer un pareil oubli, on a été en mesure de dépenser une somme de près de trente-quatre mille francs.

La seconde construction, entièrement détruite aujourd'hui, fut un bâtiment destiné à contenir deux cents lits, pour y re-cueillir, conformément à une demande du Ministre de la guerre, en date du 16 mars 1816, les militaires malades et blessés des troupes d'occupation en résidence à Bar et dans les villages voisins, devenus par trop nombreux pour conti-nuer à être dirigés sur le dépôt de mendicité établi à Fains. Lorsqu'il s'est agi de l'élever, la commission exposa qu'il lui était de toute impossibilité de s'en charger, ses ressources ne lui permettant pas de s'imposer une dépense de vingt-huit mille francs, au moins, à laquelle elle se trouverait naturelle-ment entraînée; et pour prouver qu'il n'y avait dans cette circonstance aucun mauvais vouloir de sa part, elle fit con-naître qu'elle était toute disposée, non-seulement à fournir gratuitement le terrain nécessaire à cette construction et à contribuer dans ses frais, pour une somme de douze mille francs, mais à lui abandonner les matériaux d'une des maisons de l'hôpital, dont la démolition, devenue dès lors indispensable, serait faite au compte de l'État, et à élever un mur de clôture pour l'isoler des habitations voisines, si l'administration de la guerre, de son côté, prenait l'engagement de l'abandonner en toute propriété à l'hôpital, le jour où elle ne lui serait plus d'aucune utilité. Cette condition ayant été acceptée et sanctionnée par une ordonnance royale du 7 mai 1817, ce bâtiment fut élevé et construit en bois. Il ne contint jamais plus de cent vingt lits; et devenu vacant, à partir du 11 décembre de l'année suivante, c'est-à-dire après dix-huit mois d'occupation, il fut affecté, partie, à une école d'accouchements, et partie au service des enfants trouvés et abandonnés, auquel a succédé plus tard celui des malades et des vieillards.

Déjà avant cette époque, un certain nombre de malades militaires, appartenant surtout à l'armée prussienne, étaient entrés à l'hôpital, et comme ils n'avaient eu qu'à se louer des soins dont ils avaient été l'objet de la part des sœurs, le roi de Prusse en témoigna sa gratitude à leur supérieure, Elisabeth Vivenot, en lui envoyant la médaille de l'Ordre du Mérite avec la lettre suivante :

« Vous, ainsi que les autres sœurs qui forment votre
» communauté, avez montré tant d'humanité et d'abnégation
» de vous-même dans la conduite que vous avez tenue,
» en 1814, vis-à-vis de mes soldats blessés et malades, que
» je n'ai pu qu'en éprouver beaucoup de satisfaction et dési-
» rer de vous en témoigner ma reconnaissance. Pour cet effet,
» je vous ai conféré, comme à la supérieure de la commu-
» nauté, une médaille du Mérite qui s'attache à un ruban
» blanc et que je vous envoie ci-joint, vous priant de la
» porter, comme un témoignage extrême que je fais de vos
» vertus et de celles de vos sœurs qui, ainsi que je m'en
» flatte, se trouveront en quelque sorte récompensées elles-
» mêmes par la distinction accordée à celle qui les représente.
» FRÉDÉRICH GUILLAUME.

» Postdam, le 15 octobre 1817. »

Quant aux travaux exécutés depuis 1817, voici les principales dépenses qu'ils ont nécessitées : sept mille six cent quatre-vingt-deux francs, en 1818, pour construire une boulangerie, une salle des morts, une remise et une écurie, pour disposer plus convenablement la loge de la concierge, et ouvrir un tour pour les enfants trouvés, afin de les garantir des accidents auxquels ils se trouvent exposés, lorsqu'on vient à les déposer à terre devant la porte de l'hôpital; soixante-dix mille huit cent quatre-vingt-quatre francs en 1824 et 1825, pour augmenter de toute sa partie Sud, le bâtiment construit en 1811; F..... en 1826, pour convertir deux des salles de ce bâtiment en logements de pensionnaires, et créer une salle de bains, à son extrémité Nord, sur le ruisseau de Naweton; cinq mille francs, en 1837, pour disposer des bains de vapeur; six mille sept cent soixante-treize francs, en 1839, pour reconstruire le bâtiment d'entrée; quatre mille quatre cent vingt francs, en 1845, pour apporter quelques modifications à l'intérieur de ce bâtiment; trente-deux mille trois cent soixante-treize francs en 1848 et 1849, pour construire le bâtiment du fond; cent cinquante mille francs, en 1858, tant pour la destruction du bâtiment, élevé en 1817, que pour sa reconstruction en pierre, un peu plus à l'Ouest de l'endroit qu'il occupait, et trente mille francs, pour l'acquisition des terrains nécessaires à l'établissement de ses préaux; quatre mille trois cent quatre-vingts francs, en 1860, pour la nouvelle disposition donnée à la cour; et enfin près de neuf mille francs, en 1867, pour l'établissement actuel des bains (1).

Le développement successif de l'hôpital depuis sa reconstitution, et, par suite, l'extension donnée à ses divers services, ont naturellement amené la commission administrative à prendre, à différentes époques, un certain nombre de mesures relatives à sa gestion. Quelques-unes, déjà, ont été signalées,

___

(1) Un établissement hydrothérapique, formant une annexe de l'hôpital, a été créé, en 1870, sur l'emplacement de l'ancien vivier, et a nécessité une dépense de vingt mille francs, au moins, pour sa construction, et une de près de dix mille, pour son matériel.

et parmi les autres, il en est plusieurs qui, à raison de leur importance, méritent également d'être rappelées. Ainsi la commission, frappée des abus et du désordre dont se rendaient coupables les individus admis tant à l'hôtel-Dieu qu'au Prieuré, arrêta, le 13 juin 1808, un règlement de service intérieur dans lequel elle édicta des peines plus ou moins sévères contre ceux qui viendraient à en enfreindre les dispositions (AA), et, dans le mois de janvier 1810, elle établit un concierge au Prieuré pour seconder les sœurs dont l'autorité n'y était que trop souvent méconnue.

Le 16 novembre 1812, elle consentit à charger l'hôpital du soin de nourrir les détenus, moyennant une allocation de vingt-trois centimes, par ration; mais elle y renonça, en 1816, à cause de la fatigue et de la perte de temps qu'occasionnait l'éloignement de la prison; toutefois, elle finit par céder, en partie, aux instances qui lui furent faites à plusieurs reprises, de revenir sur sa détermination, en s'engageant, le 7 décembre 1819, à leur fournir le pain au prix de soixante-quinze centimes les soixante-quinze décagrammes.

Le 10 mai 1818, elle accepta la proposition de fournir des aliments aux indigents secourus par le bureau de bienfaisance, à la condition d'être remboursée de cette dépense, et de mettre à sa disposition une sœur de Saint-Charles à laquelle le bureau allouerait un traitement de deux cents francs pour sa nourriture et un de cent francs pour son vestiaire.

Le 7 août 1819, elle accéda au vœu exprimé par le bureau cantonal de délivrer, moyennant remboursement, des médicaments aux indigents du canton, secourus à domicile.

Le 23 mai 1820, elle décida qu'elle se réunirait le premier et le troisième lundi de chaque mois pour surveiller la gestion de l'hôpital, et en apprécier les besoins, et, le 7 mai 1822, qu'elle s'assurerait, chaque année, des résultats de l'enseignement donné par les sœurs aux enfants à demeure dans la maison, et qu'il leur serait distribué six prix, à titre d'encouragement, le jour de la fête de l'hôpital. Comprenant plus tard qu'il y avait quelque chose de mieux à faire dans l'intérêt de ces enfants, elle les envoya, à partir du 10 juin 1850, à une des écoles communales de la ville, où, depuis 1856, elle indemnise l'instituteur, du papier, de l'encre et des livres qu'il leur fournit.

Le 9 décembre 1822, elle assura, pour la première fois, les bâtiments et le mobilier de l'hôpital, moyennant une prime, qui fut portée de cinquante francs à soixante, en 1829; à cent vingt-sept, en 1844, et à cent cinquante, en 1846. Elle eut successivement recours, à cet effet, et parfois même simultanément, à l'une ou à plusieurs des Compagnies suivantes : la Caisse départementale des incendiés, la Compagnie générale, l'Indemnité, et la Compagnie Royale ; et cessa de payer cette prime à partir du 1er janvier 1856, où la Caisse départementale fit gratuitement cette assurance, considérant l'hôpital comme étant un établissement affecté à un service public.

Le 7 juin 1824, elle reconnut à la fabrique de l'église Notre-Dame le droit d'entrer dans l'intérieur de l'hôpital, pour y faire exécuter les travaux nécessaires à l'entretien de l'église et pour y faire des processions. Mais le 26 juin 1854, lors de la vente d'une partie du jardin de l'établissement pour y construire le presbytère, elle revint sur cette décision, en spécifiant qu'à l'avenir toute procession y serait interdite.

Le 28 mars 1825, elle se fit autoriser par le préfet à faire reconduire immédiatement à leur domicile tous les individus auxquels elle aurait refusé l'entrée de l'hôpital, et qui viendraient à y être déposés à la porte, dans le but de provoquer les murmures et les observations malveillantes de la population.

Le 22 octobre 1831, elle décida qu'un de ses membres serait spécialement chargé des admissions, et ne délivrerait les billets d'entrée que sur les certificats des médecins de l'établissement constatant la position des malades, la nature de leur affection, et après s'être assuré, près de la supérieure, de l'existence de lits vacants. Ces certificats sont actuellement délivrés par tous les médecins de la ville indistinctement.

Lors de la première invasion du choléra, elle se préoccupa de rechercher quels pourraient être les moyens les plus propres à venir au secours de la population, si, comme il y avait tout lieu de le redouter, elle ne devait pas échapper à ce fléau. Un des médecins de l'établissement, lui ayant donné l'assurance, malheureusement des plus hasardées, que cette maladie n'était point contagieuse, qu'il n'y aurait aucun danger d'admettre les cholériques à l'hôpital, où il suffirait de disposer une salle de quatre lits pour les hommes, et une de deux, pour les femmes, avec la précaution, toutefois, de les isoler, par mesure de prudence, de celles occupées par les autres malades, elle prévint, le 3 avril 1832, le conseil municipal qu'elle se mettait à sa disposition, s'il consentait à lui fournir un certain nombre de lits, et s'il s'engageait à indemniser l'hôpital de toutes les dépenses que ce service lui occasionnerait. Sa préoccupation était alors d'autant plus fondée que l'épidémie commençait à sévir dans quelques-unes des localités voisines, et que rien ne pouvait faire supposer que la ville dût y échapper. Plusieurs cas foudroyants, en effet, vinrent, dans la journée du 18 mai suivant, en révéler la redoutable invasion, aussi la commission mit à l'instant même en état le dortoir des enfants, logea ceux-ci, comme elle le put, dans les autres parties de la maison, et résolut de se réunir tous les samedis, pour s'occuper de tout ce qui pouvait être réclamé dans d'aussi tristes et malheureuses circonstances. Huit jours plus tard, elle remercia Madame d'Arros, la femme du préfet, de son offre de recueillir dans une des salles de la préfecture, les trente-trois petites filles qui se trouvaient à l'hôpital, en lui exposant que ce déplacement lui paraissait tout à fait inutile, du moment où le choléra sévissait indistinctement dans tous les quartiers de la ville ; et, le même jour elle s'excusa près du maire de ne pouvoir fournir, comme il le lui demandait, tout le linge nécessaire aux cholériques, soignés à domicile, tant la lingerie de l'hôpital se trouvait déjà épuisée par

les nombreux sacrifices qu'elle s'était imposés. Enfin, le 2
juin suivant, elle autorisa tous les médecins et les élèves en
médecine de la ville et des environs à assister, matin et soir,
aux visites faites à l'hôpital par les chefs de service, afin de
les initier aux efforts tentés par la science contre cette redoutable maladie.

D'après un état dressé le 16 du même mois, cent trente et
un cholériques avaient été soignés à l'hôpital; et sur ce nombre vingt-trois en étaient sortis guéris, soixante-seize y
avaient succombé, et trente-trois y étaient encore en traitement. Quant à leurs dépenses, il y avait été pourvu par la
ville, à raison d'un franc vingt-cinq centimes par jour, et par
malade.

En voyant s'accroître, dans une assez forte proportion le
nombre des enfants entretenus à l'hôpital, surtout depuis le
18 août 1832, où, conformément à une décision du préfet, les
orphelins placés jusqu'alors à l'hospice de Fains, y avaient été
transférés, elle dut se préoccuper de trouver un moyen d'uti-
liser leur activité naturelle, afin de les astreindre plus facilement à une certaine discipline. C'est ainsi qu'après y avoir
mûrement réfléchi, elle se décida, le 19 octobre 1833, à faire
venir une femme du village de Perthes, près de Saint-Dizier,
pour leur apprendre à faire des chapeaux de paille; et comme
ce genre d'occupations ne répondit pas à ce qu'elle en atten-
dait, elle y renonça après quelques mois d'expérience, et
institua un atelier de couture pour les petites filles, et un dévidage de coton pour les petits garçons. Dans le but, ensuite,
de stimuler le zèle de ces enfants, elle plaça en leur nom le
tiers des bénéfices retirés de leur travail, proportionnellement
à ce que chacun d'eux y avait contribué. Eh bien! cette mesure si sage et d'un caractère si prévoyant, dont le résultat
était d'arriver à mettre ces pauvres enfants en état de pouvoir
un jour subvenir, par eux-mêmes aux nécessités de la vie,
n'en fut pas moins l'objet des plus vives réclamations. Les
ouvriers de la ville virent dans ce travail une concurrence des
plus préjudiciables à leurs intérêts, et profitèrent d'un de ces

moments de tourmente sociale, où, sous le prétexte de détruire des abus, on croit devoir attaquer tout ce qui existe, pour demander les 5 et 12 juillet 1848, au commissaire du Gouvernement de vouloir bien le faire supprimer. Mais la commission appelée à s'expliquer sur cette réclamation, démontra combien peu elle était fondée, et obtint, le 18 septembre suivant, que les choses resteraient dans l'état où elles étaient. En effet, pouvait-il être admis que l'on eût eu jamais l'intention de porter atteinte aux intérêts si sacrés de la classe ouvrière, en employant de malheureux enfants à confectionner le linge de l'hôpital, à faire des trames et des bobines, et en leur donnant, à titre de gratification, soit un peu d'argent, soit quelques aunes de toile de coton, employées ensuite à leur faire des vêtements.

A une proposition faite, le 1er décembre 1841, par la femme du premier fonctionnaire du département, de disposer une des salles de l'hôpital, pour y recueillir, pendant les quatre mois d'hiver, un certain nombre de vieillards de l'un et de l'autre sexe, et les y entretenir avec le produit d'une quête qui serait faite, à cette intention, chez les principaux habitants, elle répondit par une fin de non recevoir, et motiva son refus sur ce qu'il n'existait aucun local disponible à l'hôpital, et sur ce qu'il serait ensuite difficile de limiter le nombre des admissions, ainsi que de renvoyer dans leurs foyers des individus débarrassés, pendant un certain temps, du soin de pourvoir personnellement à leur entretien.

Comme tous les individus, décédés à l'hôpital, étaient conduits au cimetière dans un cercueil commun, excepté ceux pour lesquels des dispositions contraires avaient été prises par leurs familles, il arrivait souvent que des malades, au moment de rendre le dernier soupir, se livraient aux plus tristes et navrantes réflexions, à la pensée d'être inhumés, enveloppés seulement d'un simple linceul. La commission eut pitié de ces malheureux, et décida, le 3 février 1844, qu'il serait à l'avenir, donné un cercueil à tous ceux dont les familles ne pourraient s'imposer cette dépense. Elle s'appuya ensuite, quelques années plus tard, sur ce que la ville se chargeait des frais d'inhumation de tous les indigents morts dans leurs familles, pour lui demander, le 19 décembre 1850, d'agir à l'égard de ceux qui venaient à succomber à l'hôpital, comme elle le ferait s'ils n'y eussent point été admis. Repoussée dans cette démarche, elle n'hésita pas, forte de son bon droit, à la renouveler, le 6 novembre 1856, en faisant ressortir, cette fois, que l'hôpital n'était rigoureusement tenu qu'à recueillir les indigents malades et à leur donner des soins, et non à pourvoir, en cas de décès, aux frais de leur sépulture : satisfaction, dès lors, lui fut donnée ; la ville consentit à leur fournir le cercueil et la fosse ; et l'hôpital n'est plus tenu qu'à leur donner le linge pour les ensevelir, et le corbillard pour les conduire à leur dernière demeure.

Par un sentiment de haute convenance, vis-à-vis des sœurs, il avait été introduit, dans le traité, passé avec leur congrégation, une clause qui les dispensait de donner leurs soins aux personnes atteintes d'affections syphilitiques, et, néanmoins, il vint un jour où il n'en fut plus tenu aucun compte, malgré les efforts de la commission pour la faire respecter. Ainsi, à la demande de l'administration de la guerre d'admettre à l'hôpital de Bar tous les militaires syphilitiques de la garnison, comme étant plus rationnel et plus économique que de continuer à les diriger sur les hôpitaux de Verdun, et même sur l'hospice de Fains, la commission répondit, le 11 avril 1843, que cet établissement n'avait ni le local, ni le personnel nécessaires pour un pareil service, et qu'en outre, l'on ne pouvait ni ne devait l'en charger, du moment où on aurait à y redouter les suites les plus fâcheuses qui pouvaient résulter de la présence de tels malades, au milieu d'une population, composée pour la plus grande partie d'enfants et de jeunes filles suivant les cours de la maternité.

Mais comme les intentions de l'administration étaient formelles et qu'il n'y avait qu'à s'y conformer, le préfet dut, à plusieurs reprises, engager la commission à revenir sur sa décision, en lui rappelant qu'aux termes de l'arrêté du

24 thermidor an VIII, et de l'ordonnance royale du 27 novembre 1814, le service des militaires vénériens est obligatoire pour les hospices civils dans les villes où il n'existe point d'hôpitaux militaires, et que conformément à la loi du 30 juin 1838, l'asile de Fains devait être exclusivement consacré au service des aliénés, et fermé dès lors à toutes les autres catégories de malades.

Toutes ses démarches étant inutiles, et ne sachant plus que faire, en présence de la persistance de la commission à s'en tenir d'autant plus à sa délibération du 11 avril 1843 que le conseil général s'était appuyé sur l'ordonnance du 4 juin 1823, pour faire disposer des salles spéciales à l'asile de Fains, au profit des psoriques et des vénériens du département de la Meuse, il s'adressa, le 11 septembre 1845, au ministre de l'intérieur, lui demanda ses instructions; et celles qu'il reçut furent de représenter à la commission que, du moment où les vénériens n'avaient point été nommément désignés dans l'ordonnance du 4 juin, où le mot hospice, dont on s'y était servi, en parlant de l'asile de Fains, était exclusif de toute pensée d'y envoyer des malades atteints d'affections, appelées par leur nature à être soignées dans les hôpitaux, c'était à tort qu'elle voulait perpétuer le droit d'y faire traiter les syphilitiques, ce droit n'étant fondé, ni sur une disposition légale, ni sur une affectation particulière, mais uniquement sur une simple tolérance, que l'on ne pouvait laisser subsister plus longtemps; et qu'ainsi elle n'avait qu'à se concerter avec l'administration municipale pour aviser aux moyens de se conformer à la demande du ministre de la guerre.

Cette communication ne lui eut pas plus tôt été faite qu'elle pria la députation de la Meuse d'intervenir près du ministre de l'intérieur, et de lui démontrer combien étaient inexacts et erronés les renseignements fournis par le préfet, dans ses dépêches des 20 février et 1er septembre 1845. Elle lui signala, entre autres, comme ayant été altérée, la délibération prise, le 16 septembre 1822, par le conseil général, en présentant l'asile de Fains, comme uniquement consacré au service des aliénés et des incurables, et lui fit remarquer que l'on avait omis, sans aucun doute avec intention, de rappeler celle du 31 août 1844, parce qu'elle spécifiait, probablement d'une manière par trop explicite, qu'à raison de la situation de l'école départementale d'accouchement dans l'intérieur de l'hôpital, tous les syphilitiques devaient en être soigneusement écartés. Pour prouver ensuite tout ce qu'elle avançait, elle lui envoya les délibérations du conseil général, des 16 septembre 1822 et 22 août 1823, ainsi que diverses circulaires administratives, desquelles il résultait que le droit dont elle réclamait le maintien, n'était point fondé, comme on se plaisait à l'avancer, sur une simple tolérance, mais bien sur un acte de l'autorité supérieure, revêtu de la sanction royale, et sur des fondations faites par plusieurs communes du département pour contribuer à l'érection de l'asile de Fains. Enfin elle l'informa de la résolution bien arrêtée du conseil général de maintenir dans toute leur intégrité ses délibérations de 1822 et 1823, et de persister à envoyer tous les vénériens à l'hospice de Fains, comme cela, du reste, avait lieu depuis vingt-trois ans, quoique la disposition n'en eût point été explicitement énoncée dans l'ordonnance du 4 juin 1823.

Malgré toutes ces raisons, et l'appui de la députation, le ministre insista, et la commission, mise ainsi en demeure de s'exécuter, fit connaître, le 24 février 1846, son intention de continuer à refuser l'entrée de l'hôpital à tout syphilitique militaire ou civil, jusqu'au jour où l'on y aurait pu construire un quartier pour les loger; et demanda, le même jour, au conseil municipal de vouloir bien, en attendant, ne point renoncer à son droit de diriger ces malades sur l'hospice de Fains.

Tel était l'état de la question, lorsque le 28 février 1856, deux filles syphilitiques, en traitement à l'hospice de Fains furent évacuées sur l'hôpital, conformément à une décision ministérielle du 21 décembre 1855. Cette mesure parut d'autant plus abusive, qu'elle avait été prise sans se préoccuper de savoir jusqu'à quel point cet hospice pouvait être affranchi de l'obligation de recevoir certains malades qui, à raison de la nature de leur affection, ne trouvaient aucune assistance dans les hôpitaux. En vain fut-elle l'objet de la plus énergique protestation; en vain la commission rappela-t-elle quelles pouvaient en être les déplorables conséquences, elle n'en fut pas moins maintenue, et l'hôpital dut, à partir de cette époque, se résigner à tenir ses portes ouvertes non-seulement aux vénériens, mais aux galeux et aux dartreux, aux scrofuleux et aux teigneux, lesquels avaient été jusqu'alors admis à l'hospice de Fains (1), et à voir réunis à sa population honnête d'enfants et de vieillards, de jeunes filles et de malades, des individus qui parfois portent les stigmates de la plus honteuse débauche.

Obligée, dès lors, à s'imposer un surcroît de dépenses, et n'en ayant pas les ressources, à moins de distraire de leur affectation celles employées à l'entretien des vingt-deux lits fondés pour les fiévreux et les blessés, ce qui serait une infraction à l'article 18 de la loi du 7 août 1851, sur le respect dû aux anciennes fondations, elle s'adressa, le 27 mai 1856, au conseil municipal, lui exposa sa situation, et obtint d'être indemnisée de l'entretien et du traitement de tous ces divers malades, comme elle l'était déjà pour les indigents admis et soignés au compte de la ville, à l'exception, toutefois, des malades militaires dont les frais devaient naturellement être à la charge de l'Etat.

Le 1er avril 1847, la commission résolut de laisser aux 'sœurs, attachées au bureau de bienfaisance, le pain au même prix qu'à cet établissement, afin de les mettre à même d'en distribuer à des pauvres honteux, avec les ressources qui leur sont directement données, pour en faire l'emploi au profit de quelques misères cachées.

(1) Tous ces malades, ainsi que les aliénés, les idiots et les épileptiques du département étaient, antérieurement à l'ordonnance du 4 juin 1823, dirigés sur la maison de secours et de répression de la ville de Nancy. Quant aux calculeux, ils étaient envoyés à Metz où ils étaient opérés gratuitement, s'ils étaient indigents, et moyennant une rétribution de trente-six francs, par mois, s'ils jouissaient d'un peu d'aisance.

Le 27 mai 1850, elle protesta, près du conseil municipal, contre l'habitude prise par la police, de faire transporter à l'hôpital tous les individus morts accidentellement ou par suicide, hors de leur domicile, comme compromettant la salubrité de l'établissement par les émanations délétères et méphytiques dégagées de cadavres arrivés parfois à un certain degré de putréfaction, et le pria, en conséquence, d'affecter un local spécial à une pareille destination. Cette démarche n'ayant point été prise en considération, elle la renouvela le 2 octobre 1854, et eut cette fois la satisfaction de la voir favorablement accueillie, la ville y ayant fait droit en établissant une petite morgue dans l'intérieur du cimetière. Quelques cadavres, néanmoins, continuent encore, mais exceptionnellement, à être déposés à l'hôpital.

La comptabilité-matière devant constituer, conformément a l'ordonnance royale du 29 novembre 1831, et à l'instruction ministérielle du 30 novembre 1836, un service indépendant de celui de la comptabilité-espèce, fut remise le 1er janvier 1838, entre les mains d'Auguste Bonard, avec un traitement de trois cents francs, porté, l'année suivante, à sept cents, moyennant un cautionnement de trois mille francs. Mais comme la commission ne s'était décidée qu'à regret à prendre cette mesure, elle s'empressa d'y renoncer dès qu'elle se crut à l'abri de toute surveillance à ce sujet; et le 8 décembre 1839, elle réunit de nouveau cette comptabilité, à celle du receveur de l'hôpital, lequel se fit seconder par une des sœurs de la maison, en la chargeant de la tenue du registre d'entrée et de sortie de tous les objets de consommation, et reçut, à partir du 1er janvier 1844 seulement, une allocation annuelle de trois cents francs, à titre d'indemnité, pour ce surcroît d'occupations.

Les exigences de cette comptabilité, étant ensuite devenues de jour en jour plus grandes, et les économies obtenues, depuis sa réunion à celle des recettes en deniers, ayant été des plus insignifiantes, amenèrent la commission à la séparer définitivement de cette dernière, le 1er janvier 1854, et à la confier à Willems Vautrin, auquel a succédé, le 1er janvier 1860, M. Charles-Louis Harpin qui s'en trouve encore chargé aujourd'hui. Cet agent, désigné sous le nòm d'*économe*, fournit un cautionnement de quatre mille francs, et reçoit un traitement qui, de neuf cents francs, a été porté à treize, le 1er janvier 1875.

Quant aux fonctions de commis aux écritures, après les avoir fait remplir pendant un certain temps par l'économe, elle en chargea un autre employé, le 1er janvier 1855, auquel elle fit une allocation de cinq cents francs par an, qu'elle éleva successivement à six cents, en 1858; à huit cents, en 1860; et à mille, en 1869. Cet agent est, en outre, logé et nourri dans la maison, et reçoit un traitement de six cents francs, comme secrétaire de la commission (1).

Les différentes sources de revenus de l'hôpital sont : les aumônes; les rétributions des malades traités, soit à leur compte, soit au compte de leur commune ou de leur département, soit aux frais de leur patron ou de l'association à laquelle ils appartiennent; les fondations de lits; les donations pures et simples; et les donations grevées d'une charge quelconque. Un droit de perception sur les recettes des spectacles, des bals et des concerts, supprimé au profit du bureau de bienfaisance, et une subvention de la ville, remplacée actuellement par une allocation proportionnelle à la dépense pour laquelle elle est affectée, venaient, en outre, lui en constituer deux autres, il y a quelques années encore.

Ce droit de perception, établi par la loi du 7 frimaire an v et confirmé par un décret du 9 décembre 1809, était fixé au dixième du prix d'entrée pour les spectacles, et au quart pour les bals et les concerts. Un sergent de ville était préposé pour

(1) Les fonctions de Secrétaire de la Commission administrative, après avoir été remplies par Messieurs les Administrateurs, ont été successivement exercées par MM. Maupoil, receveur, jusqu'en 1844; Florentin, receveur, de 1844 à 1863, et Ponsignon, ancien greffier en chef du Tribunal civil de Saint-Mihiel, de 1863 à 1871, époque à partir de laquelle la commission en a chargé M. Thiébaut, commis aux écritures depuis 1864.

le percevoir, et, présent à l'ouverture des bureaux, il surveil-
lait les distributions de billets, et ne se retirait que lorsqu'elles
étaient terminées. L'hôpital et le bureau de bienfaisance s'en
partageaient ensuite le produit, lequel fut, en 1813, de cent
dix-huit francs, pour dix-huit représentations théâtrales, et
de cent quarante-neuf francs, pour trois bals donnés à la salle
de spectacle; mais à partir du 20 septembre 1843, il fut abandonné, en totalité, au dernier de ces établissements dont les
ressources étaient loin d'être en rapport avec l'importance
de ses besoins, sous la réserve, toutefois, de lui rendre son
ancienne affectation, le jour où l'on en reconnaîtrait l'oppor-
tunité.

Les subventions faites par la ville, pour venir en aide à
l'hôpital, cessèrent en 1842, et furent remplacées par un cré-
dit voté, chaque année, par le conseil municipal, pour couvrir cet établissement de ses frais d'entretien et de traitement
des malades indigents, admis et soignés à son compte. Pré-
levées sur le produit de l'octroi, elles ont été de sept mille
francs, en 1804; de trois mille, en 1807; de trois mille cinq
cents, en 1808, 1809, 1810, 1811 et 1812; de quatre mille,
en 1813, 1814, 1815 et 1816; de cinq mille, en 1817 et 1818;
de quatre mille, en 1819 et 1820; de trois mille cinq cents,
en 1821, 1822 et 1823; de trois mille neuf cents, en 1824,
1825 et 1826; de trois mille cinq cents, en 1827; de trois
mille neuf cents, en 1828; de trois mille, en 1829, 1830 et
1831; de mille francs, en 1832, 1833, 1834 et 1835; de
quinze cents, en 1836; de mille, en 1837 et 1838; de cinq
cents, en 1839; et de mille, en 1840 et 1841. Ces subventions, on ne peut le méconnaître, témoignaient d'une grande
sollicitude, de la part de la ville, pour la population indigente; et néanmoins il vint un jour où, dans un but d'économie, l'administration municipale n'hésita pas à s'appuyer sur
les sacrifices qu'elle s'imposait, pour la dépouiller, en réalité,
d'une certaine partie de son patrimoine. Et, en effet, elle se
refusa, en 1811, de continuer à payer à l'hôpital une rente de
six cent soixante-cinq francs soixante-quinze centimes, pour

différentes sommes qu'elle lui avait empruntées, dans des
moments difficiles, pour se procurer du grain, en prétendant
qu'elle en avait et au delà amorti le capital par ses subventions.

Ce refus donna lieu naturellement à une réclamation qui
fut portée au conseil d'Etat; et comme elle n'y parut pas
fondée, un décret est intervenu, le 6 février 1812, qui autorisait la ville à ne plus payer cette rente. En vain la commission protesta-t-elle contre cette décision, notamment les 16
mars 1816 et 27 août 1817, lorsque la ville lui demanda la
radiation de l'inscription prise sur toutes ses propriétés pour
garantie de cette créance; en vain fit-elle de nouvelles démarches, les 16 juin 1828 et 30 août 1849, pour la récupérer,
il lui fallut se résigner à subir cette perte, et probablement
pour toujours.

En fait d'aumônes importantes, il a été déposé, du 28 mars
1851 au 1ᵉʳ septembre 1858, à la suite de plusieurs prédica-
tions faites à l'é   e Notre-Dame par des Pères Jésuites, une
somme de trente-huit mille neuf cent deux francs, tant dans
le tronc de la chapelle que dans le tronc établi, pour la circonstance, à la porte d'entrée de l'hôpital. Sur cette somme,
trois mille francs ont été donnés, le 18 août 1854, avec l'in-
dication de fonder un lit pour une orpheline, à la nomination
du curé de la paroisse Saint-Etienne; quinze cents francs, le
23 octobre 1856, pour la construction d'un réfectoire, à l'u-
sage des petits garçons et des vieillards, dans le bâtiment du
fond; et quatre mille francs, le 4 mars 1857, pour l'acquisition d'un terrain, destiné à agrandir le jardin de l'établissement.

Les rétributions consistent dans le prix de journée de certains malades, et dans la pension de quelques vieillards et de
quelques infirmes. Elles se règlent d'après la nature de la
maladie ou de l'infirmité de la personne à laquelle il doit être
donné des soins. Il semble, au premier abord, qu'il y ait dans
cette source de revenus quelque chose d'incompatible avec le
caractère d'un établissement hospitalier, où l'on croit généra-

lement que les secours doivent toujours être donnés gratuitement, tandis qu'en réalité, ils y sont subordonnés, dans la
majorité des cas, à une action rémunératrice. Mais que l'on
vouille bien réfléchir un instant, et l'on comprendra qu'il ne
peut en être autrement. En effet, si les hôpitaux étaient tenus
à avoir constamment leurs portes ouvertes au premier venu,
à admettre gratuitement toutes les personnes qui demandent
à y entrer, leurs ressources, quelque considérables qu'elles
pourraient être, seraient bien vite absorbées. Aussi est-il de
toute nécessité et de toute justice, dans l'intérêt même des
malheureux, d'exiger une rétribution de tout malade en état
de la payer.

Les rétributions des malades sont, jusqu'à un certain point,
subordonnées à la nature de l'affection dont ils sont atteints ;
ainsi pour les maladies non contagieuses, le prix de journée
des militaires, fixé à dix-sept sous, en 1770 ; à un franc, en
1829 ; à un franc dix centimes, en 1856 ; à un franc vingt, en
1862, est de un franc cinquante depuis 1874.

Celui des indigents, soignés au compte de la ville, fixé à
dix sous, en 1779 ; à huit, en l'an VI ; à soixante centimes, en
1809 ; à soixante-quinze, en 1820 ; à quatre-vingts pour les
adultes et à soixante pour les enfants, en 1838 ; à quatre-
vingt-dix, en 1861 ; à un franc, en 1863 ; à un franc quinze,
en 1867, est de un franc quarante depuis 1873.

Celui des indigents soignés au compte de leur commune ou
de leur département, fixé à un franc vingt-cinq centimes, en
1844 ; à un franc, en 1851 ; à un franc vingt, en 1852 ; à un
franc vingt-cinq, en 1857, est de un franc cinquante depuis
1874 (1).

Celui des ouvriers soignés à leur compte, ou aux frais de
leur patron, ou de l'association à laquelle ils appartiennent,
fixé à quatre-vingts centimes, en 1847 ; à quatre-vingt-dix,

(1) Des malades indigents des villages voisins se trouvaient donc admis à
l'hôpital aux frais de leur commune, avant la promulgation de la loi du
août 1851, sur le concours que doivent apporter les localités dotées d'établissements hospitaliers à celles qui en sont dépourvues.

en 1861; à un franc trente-cinq, en 1867, est de un franc soixante depuis 1874.

Et pour les affections contagieuses, syphilitiques et scrofuleuses, le prix de journée des militaires est actuellement de un franc cinquante centimes, de un franc dix qu'il était, en 1858 et de un franc vingt en 1862; et celui des malades civils, de un franc soixante-quinze, depuis 1873, au lieu de un franc trente-cinq qu'il était en 1860.

Quant à la rétribution des personnes aisées qui, pour un motif quelconque, viennent se faire soigner à l'hôpital, elle est de deux francs vingt-cinq centimes par jour, pour celles qui, placées dans une salle de deux à quatre lits, reçoivent gratuitement la nourriture et les médicaments, et de trois francs cinquante centimes, pour celles auxquelles il est donné une chambre particulière et la nourriture, seulement, toutes leurs autres dépenses étant à leur charge.

Enfin le prix de pension des vieillards valides ou infirmes est réglé d'après 'a classe dans laquelle ils sont admis : ainsi il est de quatre cents francs, pour les individus de la localité, et de quatre cent cinquante, pour les étrangers, dans la première; de huit cents pour les femmes et de neuf cents pour les hommes, dans la seconde; et de douze cents, pour les uns et les autres, dans la troisième.

L'entretien d'un lit de fondation à l'hôpital étant évalué en 1778 à une dépense équivalente au produit de vingt-cinq boisseaux de blé, il fallait alors constituer un revenu de cent cinquante livres par an, et quelques années plus tard, un de deux cents livres; mais cette condition n'était point tellement absolue que la Chambre des Comptes ne crut pouvoir s'en écarter, le 20 novembre 1786, en acceptant d'une dame de Lavernay de Fouraire un capital de trois mille livres pour la fondation d'un lit, « afin, observait-elle, de ne point éloigner » la population de suivre un aussi bel exemple. » Aujourd'hui la commission exige une somme de cinq mille francs, lorsque le donateur se réserve et confère à une seule personne, après lui, le droit de désigner l'indigent appelé à profiter des avantages de sa fondation ; et une de sept mille, lorsqu'il le transmet à perpétuité, soit à sa famille, soit à d'autres personnes.

Les lits fondés, et établis comme tels à l'hôpital, sont au nombre de trente-trois, et sont dus aux libéralités de personnes, dont les noms ne peuvent être rappelés, sans faire naître un sentiment de vive et profonde reconnaissance, savoir :

Gaspard Guérin, curé de Rumont, en fondant un lit, le 21 juin 1769, au profit d'un membre indigent de sa famille, et à son défaut d'un indigent de Géry ou de Rumont, moyennant un legs de trois mille livres. Cette fondation, attribuée d'abord à l'hôpital de Gondrecourt qui la refusa, comme lui paraissant onéreuse, fut ensuite proposée à l'hôpital de Bar, lequel obtint du bailliage, le 11 août 1772, l'autorisation de l'accepter, sous la réserve d'exiger de l'individu, qui serait appelé à en profiter, une rétribution de vingt-quatre livres, par an, pour subvenir, en partie, aux frais de son entretien.

Joséphine Magnier, de Bar-le-Duc, en léguant, le 16 mars 1843, cinq mille francs pour un lit.

Félix Gillon, président du tribunal de première instance de la ville de Bar, en donnant le 7 mars 1844, une rente de cent cinquante francs sur l'Etat, pour un lit.

Pauline Henry, en léguant, le 12 juillet 1845, une somme de quatre mille cinq cents francs, pour un lit.

Marie Raulin, veuve Herbillon, en donnant, le 11 octobre 1845, une somme de cinq mille francs, pour un lit.

Marie-Madeleine Levasseur, en léguant, le 12 janvier 1846, cinq mille francs pour un lit.

Baptiste-François de Vendière, ancien maire, en léguant, le 8 juin 1849, neuf mille francs, pour deux lits.

Pierre-François Garnier, en léguant, le 23 octobre 1851, dix mille francs, pour deux lits.

Esther Millon, en donnant, le 14 janvier 1852, cinq mille francs, pour un lit.

Marguerite-Françoise Foulon, veuve Blanquié, de Saint-

Germain, en léguant, le 20 février 1853, quatre mille cinq cents francs, pour un lit.

Nicolas-Philibert Mourot, en léguant, en avril 1853, quatre mille cinq cents francs, pour un lit.

Nicolas-François Mayeur, ancien maire, en léguant, le 2 octobre 1854, cinq mille francs, pour un lit.

Anne-Ursule Janson, veuve Paillot, en donnant, le 27 décembre 1854, cinq mille francs, pour un lit.

François Malry, de Parey-les-Saint-Ouen, en léguant, le 12 janvier 1858, cinq mille francs, pour un lit.

Anne-Marguerite Bertrand, veuve Bourgeois, en donnant, le 5 avril 1858, cinq mille francs, pour un lit.

Félix Gillon, en donnant, le 3 mars 1860, huit mille francs, et le 24 mai 1861, quatre mille, pour trois lits, en mémoire de son fils.

Ursule-Emélie Gillon, épouse de Léopold Lecoy, en donnant, le 3 septembre 1861, cinq mille francs, pour un lit.

Barbe-Thérèse Dumont, veuve de Jacques Gillon, en donnant, le 24 juin 1862, quatre mille francs, pour un lit.

Henry Estienne, de Condé-en-Barrois, en léguant, le 30 septembre 1862, cinq mille francs, pour un lit destiné à un vieillard ou à un malade indigent de Condé, ou de Génicourt, ou d'une des communes du canton de Vavincourt.

Henriette Parisot et Madame Charoy-Parisot, sa sœur, en donnant, le 21 avril 1863, une pièce de terre, d'un revenu de quatre cents francs pour deux lits.

Barbe-Thérèse Dumont, veuve de Jacques Gillon, en léguant, le 9 septembre 1863, quatre mille francs, pour un lit.

Hanus-Souchet, la veuve, en léguant le 28 janvier 1865, quatre mille quatre cent quatre-vingt-neuf francs soixante-quinze centimes, pour un lit.

Davost-Vuillot, la veuve, en léguant, le 19 février 1866, quatre mille francs, pour un lit.

Victor Collin, en léguant, le _ . ars 1866, cinq mille francs, pour un lit.

Jeanne Petit, de Brabant-le-Roi, en léguant, le 6 avril 1868, six mille francs, pour un lit.

Jacquot-Genaudet, la veuve, d'Haironville, en léguant, le 24 avril 1873, six mille francs, pour un lit de malade.

Sainsère-Rouyer, en léguant, le 8 décembre 1874, quatorze mille francs, pour deux lits.

Frankeline Pérard, 23 février 1875, délivrance de son legs de cinq mille francs, pour un lit.

Tous ces lits (1) sont destinés à des vieillards de l'un et de l'autre sexe, à l'exception d'un seul qui peut être occupé par un malade, et d'un autre qui a été fondé dans le service des malades.

Quant aux donations, les unes ont été grevées d'obligations perpétuelles, telles sont celles relatives aux fondations religieuses, dont il a été fait mention plus haut, d'autres d'obligations temporaires, seulement, et le plus grand nombre ont été faites sans aucune condition.

Les donations, avec charge temporaire, ont été les suivantes :

Didier Jaxant, en constituant, le 10 mai 1547, une rente sur l'hôtel-de-ville de Paris, tant au profit d'un élève de l'abbaye de Lisle-en-Barrois, qu'au profit de l'hôtel-Dieu de Bar ; libéralité qui se trouve mentionnée dans le compte de l'hôpital, dressé, pour l'année 1605 : « De fondation faicte par feu
» reuerend père en Dieu Disdier Jaxant, y est-il dit, viuant
» abbé de l'abbaye de Lisle-en-Barrois, passée le 10 mai 1574,
» que appert p. le tictre de layse fondation quest entre les
» mains du gouuerneur de l'hospital, par layse il ay estimé
» vint six libz cinq solz tournois de rente situés sur l'hostel-de-
» ville de Paris, por la norriture et refection d'ung escolier de
» layse abbaye, estudiant au colleige des Bernardins à Paris,

(1) Couchot, Marie-Félicité, épouse Roussel, de Grosterme, le 13 septembre 1876, dix-huit mille francs, pour deux lits de malade.

Poupart-Chaudron, la veuve, le 14 novembre 1876, six mille francs, pour un lit de vieillard.

» et l'y ayant ung escholier de layse abbaye qu'il sera paié aux
» poures de l'hospital six libz cinq solz par quartier, ou sy ny
» aura aulcun escolier en layse dicte abbaye, estudiant au dict
» colleige, que layse dicte rente de vint six libz cinq solz sera
» et appartiendra, aux dictes années où il n'y aura aulcun
» estudiant, au dict hospital, suiuant quoy, ny ayant aucun
» estudiant au colleige des Bernardins, est déliurée layse
» rente au dict hospital, scauoir : por trois quartiers de l'an-
» née 1601, les années 1602, 1603, 1604 et 1605, montantes
» en tout à quatre cents quatrevintz seize libz cinq solz,
» desquelles rentes le dict rendant compte ne faict aulcun
» estat de recepte por n'y auoir repçu aulcunes choses,..... »
rente qui s'est trouvée réduite, à partir du 10 août 1723, à
trente et une livres dix-sept sous, par suite de la liquidation
des revenus du clergé.

Jeanne de la Mothe, en constituant, en 1594, une rente de
quarante francs barrois, pour son admission à la maiso. -
Dieu.

Claudine Plisson, *jeune fille à marier,* en donnant, à la
même époque, une maison et une chèvre, pour cette même
faveur.

Jean Leroy, dit Castel, de Neuville-sur-Orne, en constituant, la même année, une rente de cinquante francs, pour
son admission.

Jean Chrystophe, seigneur de Lavallée, scripteur apostolique, résidant à Rome, en donnant, en 1604, un capital de
six cents francs barrois, pour en appliquer la rente à l'entretien de sa nièce Alix, du moulin de Levoncourt, *qui est
perclue de la vue.*

Claude Lepaige, en 1612, un gagnage, à Rancourt, pour
son admission.

Claude Toussaint et Catherine Cocardot, sa femme, le 15
juillet 1624, une maison, rue du Tribel, leurs meubles évalués à cent francs, une rente de dix-sept francs six gros,
deux cent trente-neuf verges et demie de vignes, dont le
revenu était de cent vingt-cinq francs, seize jours et trente et

une verges de terre, à Combles, affermés vingt-six bichets
de blé et autant d'avoine; le tout pour être logés dans une
chambre particulière, recevoir quatorze livres de pain et trois
francs, par semaine; vingt francs, pour leur bois de chauffage; cinq francs pour le blanchissage de leur linge; et vingt-
cinq francs, pour leurs vêtements, par année; et enfin pour
être enterrés, à leur décès, suivant leur condition.

Marguerite Potier, veuve de Jean Grandidier, bourgeois de
Bar, en léguant, le 13 décembre 1624 : « Au dict hostel-Dieu
» deux gagnages situés : l'un sis au bon finaige et confinaige
» de Vauincourt et Sernié du queil on rendoit cy deuant
» quatre muids moutange, mesure de Bar; l'autre sis au ban,
» finaige et confinaige d'Erise-Saint-Dizier du queil on ren-
» doit cy deuant pareille quantité de quatre muids moutange,
» même mesure de Bar; à charge et condition que les sieurs
» mayeur, sindicq de la ville, le gouuerneur et controlleur
» du dict hospital fourniront et entretendront aux frais et
» despens du dict hospital ung homme propre et capable
» pour se transporter trois fois par sepmaine enuiron la
» minuit, scauoir la nuict d'entre le dimanche et le lundy,
» d'entre le mardy et le mercredy, et d'entre le jeudy et le
» vendredy, et tous les jours solennels, scauoir : Noël, la
» nuict d'entre le jour et le lendemain, la Circoncision, les
» Rois, la Purification, l'Annonciation, les Pasques, la Pen-
» tecoste, l'Assomption, la Nativité, la Toussaint, les Tré-
» passés et la Conception, par tous les carrefours de la ville
» de Bar, tant hauste que basse, muny d'une petite cloche
» pour esueiller le peuple et l'exciter à la déuotion et à prier
» Dieu pour les pauures trespassez. Usant de ces 'ermes ou
» aultres semblables à haulte voix : *Reueillez-vous tous gens*
» *qui dormez et priez Dieu pour les trezpassez que Dieu veuille*
» *leur pardonner*, et ce en tous lieux qui lui seront désignez
» par le gouuerneur et administrateur du dict hospital (1).

(1) Cette disposition rappelle une mesure prise par le roi Charles VI. Ce
prince, en effet, après avoir confirmé, en 1415, la confrérie des marchands
de vin de la ville de Paris, désignés à cette époque, où il n'existait point de

» Comme le tout est amplement verifiiez par la donation et
» traictez de ce faict entre desfuncte honorable femme Mar-
» guerite Potier veufue du dict sieur Grandidier, noble maistre
» Jean Leurechon, lors mayeur et les escheuins de la dicte
» ville le treize décembre mil six cents vingt-quatre, par
» deuant Courdier Laurent, nottaire. »

Cette fondation était encore remplie, en 1780, et l'homme
chargé de l'acquitter, désigné sous le nom de *Réveilleur de
nuit*, recevait, chaque année, une allocation de vingt-cinq
livres, et, en dernier lieu, une de cinquante. Il lui était, en
outre, donné, tous les trois ans, une casaque, du prix de
quarante-neuf livres, garnie sur le dos du portrait de saint
Denis, brodé en or par les dames Annonciades de la ville
de Bar, moyennant une rétribution de trois francs neuf
gros.

Pierre Fournault et Catherine André, sa femme, après
avoir fait, le 24 janvier 1626, la cession d'une maison avec
six verges de jardin, et de cent vingt-quatre verges de vigne,
à Fains, moyennant une rente viagère de vingt-cinq francs,
ont renoncé à cette rente, le 1er juillet 1644, et ont de plus
abandonné une maison avec quatre verges de jardin et cent
quatre-vingt-quatre verges de vigne, pour leur admission.

Claude Peudebon, et sa femme, en 1630, six mille francs,
moyennant une rente viagère de deux cent dix francs, et
l'exemption du service des portes du bourg et des logements
militaires.

Marie Malteste, le 15 février 1632, deux gagnages : l'un
à Rupt-sur-Saulx, et l'autre à Lavincourt, affermés vingt-

---

cabaret, sous le nom de *Juré vendeur et crieur de vin*, lesquels vendaient le
vin à la criée sur le port, à son arrivée, sur les marchés et au milieu des
rues, comme cela se fait de nos jours, pour les fruits et les légumes, ajouta
à leurs attributions celle d'annoncer les morts, les enfants et les animaux
perdus, d'où leur est venu le nom de *Juré crieur de corps et de vin*. Ainsi
quand une personne venait à mourir dans leur quartier, ils allaient de porte
en porte, en annoncer la nouvelle ; et, la nuit, une sonnette à la main, ils
parcouraient les rues, s'arrêtaient à chaque carrefour, et criaient d'une voix
sépulcrale : *Réveillez-vous, réveillez-vous ; bonnes gens qui dormez, réveil-
ez-vous, et priez pour les trépassés.*

cinq bichets de blé et vingt-quatre minottes d'avoine, pour son admission.

Marie Cugny, le 5 novembre suivant, mille francs, pour son admission.

Jean Maillet, écuyer, seigneur de Villotte, président de la Chambre des Comptes, le 25 août 1635, deux mille francs, pour en employer la rente de deux cent quarante francs, moitié aux besoins de l'hôpital et moitié à l'apprentissage de deux orphelines, et, à leur défaut, de deux orphelins, à la désignation de l'aîné de sa famille. Quelques années plus tard, Gabriel de Maillet, son fils, secrétaire et garde du trésor de la même Chambre, augmenta ce capital d'une somme de cinq cents francs, à la condition d'en prélever vingt francs sur la rente, au profit du membre de sa famille chargé de faire les démarches nécessaires pour le choix de ces enfants. Cette clause donna lieu, dans la suite, à une contestation des plus regrettables, ainsi qu'à quelques dispositions plus ou moins transitoires. Ainsi la Chambre des Comptes, appelée, le 12 avril 1745, à intervenir entre l'hôtel-Dieu qui ne voulait plus en tenir aucun compte, en s'appuyant sur ce que le revenu de cette fondation était devenu des plus insuffisants pour l'entretien de deux enfants, et Claude de Maillet qui en réclamait l'exécution, décida qu'elle serait supprimée, et, de plus, que le droit de présentation serait réduit, à l'avenir, à un seul enfant. Une dame de Maillet étant ensuite entrée à l'hôpital, le 30 juillet 1780, le revenu de cette fondation lui fut attribué pour subvenir avec l'allocation de douze livres par semaine, faite par sa famille, aux frais de son entretien. Enfin, sur une réclamation de Jean de Maillet, la disposition de 1745 fut remise en vigueur, le 16 juillet 1806.

Marguerite Fauconnier, en 1637, un capital de douze mille cinq cent soixante-douze francs, produisant une rente de huit cent quatre-vingts francs, à charge de délivrer, chaque année, quatre cent douze francs à deux religieuses de Sainte-Claire de la ville de Bar.

Antoinette Billaut, le 11 décembre 1646, une somme de onze cent quatre-vir,t-dix francs, la moitié d'une maison située à la ville-haute, cent quarante-sept verges de vigne, un gagnage à Pierrefitte, et un à Rumont, pour son admission. Cette donation ayant été attaquée, à la mort de cette demoiselle, pour un vice de forme, ne produisit que quinze cents francs.

François Triconville et Marguerite, sa femme, le 17 février 1651, leur mobilier, estimé cent vingt francs, un demi-arpent de bois de la forêt de Mensonge (Massonge), le cinquième d'une maison, évalué à mille francs, cinquante et une verges de vigne, sept jours de terre à Sommeilles affermés six bichets de blé et autant de conseigle, pour leur admission, « et remplir près des malades les fonctions de l'hospitalier Vaultrin Baudesson, qui vient d'aller de vie à trépas. »

Jean Contenot et Claudine Blacquemin, sa femme, le 14 février 1655, cinq cent quarante et une verges de vigne, à Longeville, quatre cent trente-cinq, à Bar, quatre cent soixante-dix-neuf de terre, deux cent quarante-huit de pré, et une maison avec jardin rue du Four, pour être nourris, logés et soignés, dans une chambre particulière, recevoir, chaque jour, une pinte de vin, une livre de viande de bœuf, et quelque chose d'équivalent, les jours maigres ; chaque semaine, vingt-deux livres de pain, et une chopine de sel ; chaque année, leur bois de chauffage, deux paires de souliers, et le revenu de cinquante-cinq verges de vigne, pour les mettre à même de faire quelques aumônes ; et, enfin, tous les deux ans, chacun, un vêtement de la valeur de trente francs.

Dominique Pinot et Jeanne, sa sœur, le 24 octobre suivant, deux mille cent quatre-vingt-dix francs, en plusieurs constitutions, et un gagnage de dix-neuf jours cinquante et une verges de terre et de quarante-trois verges de pré, à Courcelles-aux-Bois, à condition d'être logés dans une chambre particulière ayant un cabinet dans lequel ils pourraient établir une cheminée, à leur frais ; et de recevoir une chopine de sel, par semaine ; une rente de cent cinquante-trois francs, une corde de bois et cent fagots, par année. Le sieur Pinot, en sa qualité de prêtre, s'étant ensuite engagé à acquitter le salut fondé par Nicolas Baudoux, reçut, à titre de gratification, la jouissance d'une des caves de la maison.

Jean Noël et Marie Guichard, sa femme, en 1656, une maison avec sept verges de jardin, à Couchot, dix-sept jours vingt-cinq verges de terre, quatre-vingt-quatorze de vigne, et tous leurs meubles, estimés deux cents francs, pour être logés, et recevoir, chaque jour, une chopine de vin, et une pinte, lorsque son prix sera celui actuel de la chopine; chaque semaine, vingt-deux livres de pain, deux livres de viande de bœuf, une demi-livre de lard, et une chopine de sel; et, chaque année, une corde de bois et cent fagots.

Isabeau Godard, veuve de Claude Magnien, de Laimont, le 10 septembre 1856, vingt-huit jours, tant en terre qu'en pré et en chènevière, à Contrisson, deux jours de terre, à Laimont, et tout son mobilier, à son décès, pour être logée dans une chambre à part, et recevoir, chaque semaine, douze livres de pain, une demi-livre de beurre, pareille quantité de lard, une livre de viande de bœuf, une chopine de sel, une hottée de bois et trois fagots; et, chaque année, une rente de cent vingt francs.

Anne de Brunnesaux, veuve de Dominique Richard, de Pont-à-Mousson, le 12 avril 1667, tous ses biens, moyennant une rente viagère de sept cents francs, la jouissance de deux chambres et d'un emplacement pour remiser toutes ses provisions en grains, en bois et en vin, et l'engagement d'initier sa domestique aux soins à rendre aux malades de la maison.

Antoine Legrand, seigneur du Pont, et Anne, sa sœur, le 24 décembre 1668, un capital de six cents francs, pour en partager la rente entre les Capucins et les dames de Sainte-Claire.

Marie-Pauline, en 1669, mille francs, pour son admission.

Françoise Ladroite, le 19 août 1669, une partie de sa maison, située au carrefour du Bourg, avec une foulerie donnant sur la rue des Ecuries, un meix de seize verges, environ, sur

les fossés du Bourg, quarante-quatre verges de vigne, un gagnage, à Chardogne, affermé neuf bichets de blé, mesure de Condé, et un à Erise-la-Brûlée, affermé six bichets de blé et six minottes d'avoine, mesure de Bar, pour être logée avec sa domestique dans deux chambres séparées, recevoir, chaque année, une rente de cinq cents francs, une corde de bois et cent fagots, et pour fonder trois messes à l'église Notre-Dame, pour le repos de son âme : messes qui devaient être célébrées, le jour anniversaire de sa mort, et pour chacune desquelles le gouverneur de l'hôpital était tenu de donner sept francs au chapitre de cette église. Cette donation comprenait, en outre, des gagnages situés à Erize-Saint-Dizier, à Lonchamps, à Vassincourt et à Andernay, dont les héritiers de cette demoiselle sont parvenus à s'emparer au préjudice de l'hôtel-Dieu.

Catherine Fourot, veuve Leclerc, et Marguerite, sa fille, le 20 juillet 1670, leur maison, située rue du Cygne, pour être logées et entretenues, et recevoir une rente viagère de cent francs.

Lucie Thouvenin, veuve de François Dumoulin, de Cousances-aux-Bois, le 31 décembre 1671, vingt-cinq verges de jardin, cinquante de chènevière, cent cinquante-deux de pré, et dix jours vingt-huit verges de terre, le tout situé sur le finage de cette commune, pour son admission.

Messire Vincent, président de la Chambre des Comptes, et Alix Lescamousseur, sa femme, en 1693, une rente de quatre-vingts francs, à distribuer le jour anniversaire de leur décès, aux pauvres de l'hôpital, par les soins des Pères Augustins de la ville de Bar.

Marguerite de Bermont, veuve de Charles de Reims, seigneur de Sorcy, le 22 mars 1717, un gagnage à Rancourt pour l'entretien des trois sœurs de Saint-Charles, auxquelles on venait de confier la gestion intérieure de l'hôpital.

Les fermiers du Domaine, en 1728, une somme de dix-sept cent cinquante livres de Lorraine, pour la dotation de cinq enfants trouvés à la charge de l'hôpital.

Dominique Humbert, le 6 janvier 1733, un capital de deux

cents livres, et un gagnage à Combles, affermé quatre paires
de blé et avoine, pour son admission.

Jeanne de Bourges, veuve de Charles d'Alençon, baron de
Baufremont, chevalier, seigneur de Ville-sur-Saulx, conseiller d'Etat, président de la Chambre des Comptes, en léguant, le 31 janvier 1737, tous ses meubles et immeubles,
contrats, capitaux, droits seigneuriaux, à la condition « qu'il
» ne soit reçu audit hôpital pour la consommation des revenus
» des dits biens que des pauvres de bonnes vie et mœurs des
» villages dépendants du bailliage de Bar et non des ville et
» faubourgs du dit Bar, sur la représentation des certificats
» des sieurs curés et officiers des lieux, lesquels pauvres
» seront nourris et entretenus à l'effect de quoy sera convenu
» du nombre des lites et places qui seront fondés au dict
» hôpital, en conséquence des présentes et suivant l'estima-
» tion des dicts biens légués et revenus d'iceux..... » Cette
importante libéralité ayant été contestée, il en résulta un long
et très-onéreux procès qui fut soumis à diverses juridictions,
et rien ne révèle aujourd'hui quelle en a été l'issue. Un appel
au Parlement de Paris, une sentence, rendue en 1750, par le
bailliage de Vitry, sont les deux derniers documents que l'on
trouve sur cette affaire.

Etienne-Nicolas Thirion de Briel, seigneur du Jard, le 11
avril 1738, un capital de trois mille livres, pour en distribuer
la moitié aux pauvres de la ville, le jour de sa mort, « afin
qu'ils prient Dieu pour le repos de son âme. »

Claude Vincent, de Saint-Dizier, le 5 août 1750, un capital
de cinq cents livres, pour en distribuer la rente aux voyageurs indigents, et de préférence aux soldats réformés qui
retournent dans leur foyer.

Jeanne Paillard, de Géry, le 19 mars 1765, une somme de
dix-huit cent vingt-deux livres, pour son admission.

Françoise Poncelet, veuve de François Levrechon, de
Chardogne, en 1790, une maison, son mobilier, une rente de
soixante et une livres treize sous, et deux cent soixante
verges de vigne, le tout représentant une valeur de cinq

mille livres, pour son admission et celle de son fils atteint d'épilepsie.

Marie-Françoise de Moulin, le 27 juin 1817, une somme de trois mille sept cent vingt-huit francs, ainsi que l'usufruit d'un capital de cinq mille soixante-dix-sept francs et d'un gagnage situé à Rumont, affermé quarante-six doubles décalitres vingt-deux décilitres de blé, et cinquante-sept doubles décalitres soixante-dix-sept décilitres d'orge, pour le prix de sa pension.

Jean-Baptiste Pierre, le 22 octobre 1817, un capital de deux mille cent cinquante-sept francs, un gagnage, à Combles, affermé dix doubles décalitres de blé, et un autre, à Véel, affermé trois doubles décalitres de blé et cinq d'avoine, pour son admission.

Louis-Fortuné d'Estinger-Larivière, en léguant, le 3 mars 1818, et par son codicile du 22 octobre 1825, un capital de trente-quatre mille six cent quatre-vingt-sept francs, à charge de lui payer une somme de neuf cents francs et une rente viagère de quatre cent cinquante francs. La commission administrative, en mémoire de cette libéralité et des preuves de sollicitude données à la maison par cet honorable citoyen, décida, le 23 mars 1829, qu'il serait élevé un petit monument sur sa tombe, et que son portrait serait placé dans la salle de ses délibérations.

Louis-Pierre Humbert, peintre et sculpteur, le 5 juillet 1821, une somme de trois mille francs, à charge de quelques rentes viagères, et, le 20 décembre 1824, une vigne située à Platreau, finage de Bar.

Marie-Catherine Rouyer, le 16 février 1822, un capital de deux mille cinq cents francs, à charge de lui en payer la rente, sa vie durant.

Louis Poncelet, de Triaucourt, et Marie-Anne Collignon, sa femme, le 19 octobre 1823, douze cents francs, pour l'admission de leur fille, encore assez valide pour rendre quelques services à la maison.

Marie-Thérèse Thomassin, de la même commune, le 21 mars 1824, trois mille francs, pour son admission.

Pierre Engelinger, le 24 décembre 1841, un capital de sept cent quatre-vingt-trois francs cinquante centimes, et une rente viagère de cinquante francs, pour son admission.

Elisabeth Carrez, veuve de Claude Morel, le 19 mai 1826, une maison estimée trois mille cinq cents francs, et une rente viagère de cent francs, pour son admission.

Perine Leduc, veuve Heuillon, le 15 octobre suivant, un capital de cinq mille neuf cent trente-six francs, représenté par une maison, rue de Véel, par vingt ares trente-deux centiares de vigne, et par des effets mobiliers, pour son admission.

Les enfants Thomas, le 13 avril 1828, mille francs pour l'admission de leur père.

Jean-Baptiste Vincent, âgé de soixante-seize ans, et Catherine Remy, sa femme, âgée de soixante-quatre ans, le 1er juillet 1828, deux mille cinq cents francs, pour leur admission.

Marie-Anne Drouin, le 22 mai 1829, six cent trente francs, et le quart d'une maison, pour son admission.

Marie-Thérèse Lhuillier, le 9 octobre suivant, une rente viagère de cinq cents francs, et ses effets mobiliers, pour son admission.

Louis Rouillon, le 19 novembre de la même année, un capital de quinze cents francs, et un réservoir ou vivier, à six loges, entouré de murs, attenant à l'hôpital, estimé trois mille francs, pour son admission.

Alphonse Buffaut, receveur général de la Meuse, le 26 mai 1832, cinq cents francs, pour organiser une salle de travail destinée aux enfants.

Marguerite Léger, veuve de Matthieu, de Chardogne, le 8 octobre 1832, des terres et des vignes évaluées à dix-neuf cent soixante et onze francs, pour son admission.

Claire Sellier, le 1er août 1833, trois mille francs, id.

Une demoiselle Vivenot, même année, deux mille francs et sa pension ecclésiastique de cent onze francs, id.

Sophie Raux, le 8 septembre 1861, quatre mille francs, à charge d'une rente viagère de deux cents francs, reversible sur une demoiselle Damain.

Quant aux donations pures et simples, elles lui ont été faites, savoir, par :

La veuve Grandidier-Beausir, le 7 février 1584, trente-six verges de terre, au lieu dit : Pré des Écuries, actuellement rue du Coq.

Nicolas Genton et Philippe Platel, en 1587, chacun cent francs.

Didier Bugnot, de Rosières, chanoine de la cathédrale de Reims, en 1593, une rente de cent 'francs constituée sur sa maison de Rosières.

Camille Potier, chanoine de la même cathédrale, en 1594, une rente de cinquante francs, sur sa maison d'Erize-Saint-Dizier.

Catherine, de Toul, veuve d'Urbain de Baumont, en 1596, une somme de cent francs, sur un meix de dix-huit verges, situé aux Clouières, au-dessus des fossés.

Jean Belamy, la même année, huit cents francs, sur un meix et une maison, rue du Four.

André Lamy, le 20 décembre 1756, une rente de cinquante-six francs.

Michel Grandidier, en 1797, un capital de trois cents francs.

Paniette, veuve de l'écuyer de Roche, la même année, cent francs.

Jean Merlin, conseiller, secrétaire d'État, président de la Chambre des Comptes, bailli d'Apremont, la même année, six cents francs.

Claude Aubry, en 1602, un pré, au bas de la côte de Fremière, finage de Bar.

Réné Gaynot, même année, quarante verges de vigne, à la contrée de Beaulieu, même finage.

Jean et Étienne Lestoque, même année, un gagnage affermé huit bichets de blé et pareille quantité d'avoine.

Nicolas Lefauche, en 1603, une somme de deux cent cinquante francs.

Nicolas Bichat, chanoine de Saint-Pierre de la ville de Bar, même année, deux cents francs.

Nicolas Deschamps, chanoine du même chapitre, 1604, trois cents francs.

Humbert Gallet, *id.*, aumônier de Son Altesse, même année, cinq cents francs.

Guillaume de Glysémone, seigneur de Mazanville et de Mazellas, en partie, même année, quatre cents francs.

Marguerite Poupart, veuve de Noël Robert, en 1602, une maison située au carrefour du Bourg.

Marguerite des Mangeots, en 1605, trois cents francs.

Jacques Michel, de Morley, le 3 juillet 1609, un cens de neuf gros, sur la fabrique de cette commune.

Alix de Lescamousseur, le 26 septembre 1613, deux jours de vigne.

Monseigneur de Tornies, en 1640, quatre mille francs.

Jean Legrand, même année, une rente de deux cent quarante-cinq francs.

Jean Gérard, religieux de Saint-Antoine de la ville de Bar, le 14 octobre 1647, une rente de dix francs.

François Toussaint, chanoine de Saint-Pierre, le 1er novembre suivant, le quart de tous ses biens.

Alexandre de Rouin, seigneur de Vassincourt, le 14 février 1661, une constitution de quatre cents francs sur la commune de Mussey, passée, le 14 juin 1631, au profit de sa mère, Louise de Noirefontaine, dame du Buisson, veuve de François de Rouin, conseiller du duc Charles IV. Les habitants de Mussey se libérèrent de cette dette, ainsi que de ses arrérages, se montant à quatre cents francs, en abandonnant à l'hôpital, le 26 août 1686, huit arpents vingt-cinq verges d'un bois contigu à celui que possédait cet établissement, par suite de la cession qui lui avait été faite de tous les immeubles de l'ancienne aumônerie de cette localité, ce qui porta cet immeuble à trente et un arpents cinq verges, mesure de Lorraine.

Psaume Nicolas, chanoine de Saint-Pierre, de la ville de Bar, le 3 décembre 1664, une constitution de cinq cents francs sur la commune de Savonnières-devant-Bar, pour le remboursement de laquelle, ainsi que de plusieurs rentes arriérées, il fut donné, en toute propriété, à l'hôpital, le 26 août 1689, une partie du bois communal de cette localité.

François Laurent, en 1669, mille francs.

François Brouilier, chanoine de Saint-Pierre de la ville de Bar, en exécutant, le 22 mai 1702, les intentions de Claude Martin, curé de Bar, son parent, par la cession d'une créance se montant avec les intérêts dus, à ce jour, à la somme de douze cent quinze francs quatre gros deux blancs, sur les habitants de Savonnières.

Elisabeth de Rosnes, veuve de Jean Raullet, le 2 avril 1717, un gagnage, à Montplonne, et neuf cents livres de Lorraine.

Antoine Legrand, seigneur du Mont, et Anne, sa sœur, le 24 décembre 1668, un gagnage, à Lavallée, de douze cent quarante-deux verges, tant en terre qu'en pré et en chènevière, affermé quatorze paires blé et avoine.

Charlotte Rouillon, veuve d'Antoine de Saint-Genis, le 1er janvier 1726, cinq cents livres tournois.

Jean-Baptiste Bordat de Martinet, chanoine de Saint-Pierre de la ville de Bar, le 17 juillet, même année, dix-huit mille livres de Lorraine, en meubles et immeubles.

Alexis Damvilliers, curé de Vécl, et Claude, son frère, en léguant, le 7 septembre 1728, sept mille cinq cent cinquante livres tournois, et le produit de la vente de leur mobilier.

Nicolas de Metz, le 7 janvier 1729, un gagnage à Erize-Saint-Dizier, affermé dix paires blé et avoine.

Barbe de Blaires, le 27 juin 1739, une ferme à Couvert-puis, consistant en une belle maison avec de vastes dépendances, en deux cent vingt-deux jours soixante-quatorze verges de terre, quarante-six verges de chènevière, et en huit fauchées dix-huit verges de pré.

De Vaubourg, le 13 juin 1740, cinq cents livres tournois.

Jeanne Regnaud, le 4 septembre 1743, en léguant une maison et ses dépendances.

De Romécourt, la même année, quatre mille livres.

Antoine Gainot, en 1746, trois mille livres.

De Leschicaut, chanoine de Saint-Dié, en 1747, mille livres.

Henri Lafaye, gouverneur de l'hôpital, en 1780, deux vignes.

Les membres de l'ordre noble de Saint-Hubert, le 11 août 1787, quinze cents livres, soit à l'hôpital, soit à la charité, suivant l'appréciation de la Chambre des Comptes.

François Michel et Madeleine Humblot, sa femme, le 15 avril 1809, quarante ares quatre-vingt-quatre centiares de vigne, sur le finage de Behonne.

Justine Baudot, en léguant, le 7 juin 1810, vingt-neuf ares cinq centiares de vigne, même finage, et une somme de cent quatre-vingt-dix francs.

Nicolas-François Gravier, en léguant, le 10 septembre 1810, quatre ares trente-deux centiares de vigne, finage de Bar, et dix ares trente-neuf centiares, même nature, sur le finage de Savonnières.

Elisabeth Robert, veuve d'Henri Lafaye, le 3 septembre 1812, quatre mille trois cents francs.

Catherine Enard, veuve Couchot, d'Andernay, le 4 janvier 1814, quatorze cent quatre francs cinquante centimes.

Catherine Demarne, veuve de Charles Lepouché, le 31 août 1814, dix ares quarante et un centiares de vigne, et une somme de sept cent dix-neuf francs.

Casimir-Hilaire Leblanc, curé de Resson, le 19 septembre de la même année, les deux mille quatre cent soixante-neuf francs, retirés de la succession de Madeleine-Marguerite Pillement, veuve d'Antoine de Maillet, en sa qualité de légataire.

Claude-Dominique Toussaint, le 9 février 1816, huit cents francs.

Jean-François Jacquemin, le 8 décembre 1817, quatre-vingt-onze ares quatre-vingts centiares de terre et de pré situés derrière Notre-Dame.

Barbe-Françoise Drouin, le 28 août 1819, dix-huit cent dix francs.

Marie-Françoise Jolicœur, le 23 novembre de la même année, quatre cent deux francs.

Claude Collin, curé de Vavincourt, le 21 décembre 1821, mille francs.

Marie Martinet, veuve d'Antoine Toussaint, le même jour, cent cinquante-sept francs.

Un anonyme, le 24 janvier 1823, sept mille francs, pour être employés, tant à améliorer la disposition de la chapelle qu'à disposer des chambres pour les personnes peu aisées qui désirent être admises à l'hôpital, à titre de pensionnaires.

Marie-Louise de Bar, le 7 octobre de la même année, une ferme, à Seigneulles, de onze hectares vingt-six ares cinquante centiares de terre, quarante-sept ares dix-neuf centiares de pré, et treize ares quatre-vingt-sept centiares de bois.

Un anonyme, le 12 mai 1824, douze mille francs.

Catherine-Appoline Aubel, veuve de Jean-François Martin, le 19 mai 1827, deux mille deux cent quarante-deux francs.

Barbe Garnier, veuve de Jean-Baptiste Pommier, de Ville-sur-Illon, le 24 janvier 1828, deux mille francs.

Marie-Anne Collier, le 9 novembre 1829, quatre mille francs.

Charles-Louis-Auguste Chapuis, le 1er mars 1830, douze cents francs.

Madeleine Lapoirie, le 19 avril suivant, treize cent quatre-vingts francs.

La veuve Débry, le 26 mai 1832, mille soixante-dix francs.

Un anonyme, en 1835, trois mille cinq cents francs.

Marie-Ursule de Billaut, dame Levasseur, le 7 novembre 1842, cinq cents francs.

Marie Charpentier, le 25 novembre 1845, deux mille francs.

Charles-Jean-Baptiste Maupoil, et Françoise-Eugénie, dame Florentin, sa sœur, le 17 février 1847, une rente de quatre-vingt-cinq francs sur l'État, au nom de Charles-Dominique Maupoil, leur père, ancien receveur de l'hôpital.

Jean-François-Nicolas Mayeur, le 13 mars 1848, un droit de passage dans un sentier aboutissant, d'une part sur la rue du Pont-Triby, et d'autre part sur la rue des Romains, sentier actuellement incorporé dans le jardin de l'hôpital.

Jules-Adolphe Brion, receveur de l'enregistrement, à Paris, en léguant le 25 juin de la même année, quinze cents francs.

Agnès Noireau, veuve de Jean-Claude Toussaint, en léguant, le 6 avril 1850, six ares cinquante-huit centiares de vigne, à Longeville.

François Fournier, jardinier de la maison, en léguant, le 25 avril 1853, quatre cents francs.

Auguste Dupont, négociant à Paris, en léguant, le 8 mai 1857, trente mille francs, donation réduite à quinze mille, par un décret impérial du 6 décembre 1860.

Didelin, Eloi, en léguant, le 9 novembre 1864, quatre cent cinquante francs.

Victoire Bertrand, en léguant, le 13 octobre 1871, son mobilier évalué à cinq cents francs.

Augustine Michel, en léguant, le 25 septembre 1872, son mobilier, évalué à environ deux mille francs (1)

La nature diverse de ces libéralités, jointe à la préoccupation constante de les conserver dans toute leur intégrité, ou d'en tirer le parti le plus avantageux, amena naturellement la commission à se livrer, à différentes époques, à quelques transactions, telles qu'échanges, ventes, acquisitions, et placements de capitaux, soit sur l'État, soit sur particuliers. Les transactions qui méritent plus particulièrement d'être rappelées, sont : l'offre faite, en 1668, par Claude Prignet, chirurgien à Bar, d'abandonner un gagnage, situé à Rosnes, et de « soulager et panser tous les malades et les blessés de » l'hostel-Dieu, de leur fournir tous les emplâtres et aultres » médicaments dont les chirurgiens sont accoustumés de se » seruir et qui entrent dans leurs boistiers sans aucune » indemnitez et cela pendant six ans; néantmoins il n'y sera » pas obligez en cas de peste ou maladie contagieuse, et pen- » dant le temps d'icelles..... » pour se libérer d'une somme de sept cents francs barrois, capital et intérêts dus depuis quelques années.

Par une faveur toute spéciale, la Chambre des Comptes

(1) En 1875 et 1876, M. Lévylier, trésorier général de la Meuse, a fait trois dons manuels à l'hospice s'élevant ensemble à 2,625 francs.

consentit en outre à lui laisser continuer ce service, à l'expiration de ces six années ; et, comme indemnité, l'exempta des charges de la ville, telles : qu'impôts et logements de militaires, et l'autorisa à habiter une maison appartenant à l'hôpital.

L'abandon fait par la commune de Souilly, conformément à un arrêt du Parlement, du 6 février 1684, de soixante-douze arpens, mesure de France, de sa forêt d'Harguelle, désignée depuis sous le nom de *Bois des malades*, et de l'exploitation pendant une année seulement, de vingt arpens, même mesure, du bois du Faye, pour paiement d'un capital de trois mille francs qu'elle lui avait emprunté et pour les intérêts échus depuis trente ans, se montant à la somme de six mille cent douze francs quatre gros.

Une même transaction faite, le 26 août 1686, par la commune de Mussey, qui lui abandonna une partie de son bois, pour se libérer d'une somme de huit cents francs et des intérêts de cette même somme, échus depuis le 14 février 1661.

La cession que lui fit la ville, le 15 octobre 1817, d'une foulerie, située rue de la Municipalité, en échange de la partie Est de l'ancien cimetière de l'église Notre-Dame.

Ses aliénations ont été, savoir : en 1824, de soixante-sept ares quatre-vingt-dix centiares de vigne, à Behonne ; en 1840 et 1841, de deux hectares treize ares soixante-sept centiares de terre et de pré, sur les finages de Bar, Longeville, Mussey et Neuville, pour l'établissement du canal de la Marne au Rhin, qui lui ont produit une somme de vingt mille trois cents francs ; en 1847, de plusieurs vignes, sur les finages de Bar et de Behonne, celle de six cent quarante francs ; de 1850 à 1855, d'un hectare quarante-huit ares trente-six centiares, tant en terre qu'en pré, sur les finages de Bar, Mussey et Neuville, et de l'emplacement de l'ancienne salle des bains, pour l'établissement du chemin de fer de l'Est, celle de quarante-sept mille trois cents francs ; le 14 novembre 1854, d'une partie de son jardin, pour l'établissement du presbytère de Notre-Dame, celle de dix mille six cent soixante francs ; le 26 février 1860, de quatre-vingt-un ares vingt-sept centiares de vigne, sur les finages de Bar et de Longeville, celle de deux mille neuf cent dix-huit francs; en 1866, de onze ares huit centiares de terre, au Pont-Triby, celle de cinq cent cinquante-quatre francs; le 28 avril 1869, de onze hectares trente-trois centiares, du bois de Mussey, celle de vingt-sept mille francs; et de quinze hectares soixante-dix ares, du bois de Souilly, celle de vingt-trois mille francs; en outre de celles énoncées dans le tableau suivant :

	CONTENANCE.		REVENU.	ALIÉNATIONS.	
	TERRE.	PRÉ.		PRODUIT.	DATE.
	h. a. c.	h. a. c.	fr.	fr. c.	
Chardogne.....	15 33 »	» 70 »	108	17,908 25	28 mars et 2 mai 1853.
Combles........	7 32 78	1 » »	88	8,291 10	5 février 1854.
Couvertpuis....	73 57 »	2 67 »	1378	92,177 08	1851, 1852 et 1853.
Erize-St-Dizier.	11 97 »	1 17 75	152	15,300 90	1851 et 1852.
Lavallée.......	4 36 »	» 38 »	72	5,120 75	12 décembre 1841.
Longeville.....	1 81 »	» 10 »	104	5,520 90	12 mai 1841.
Montplonne....	4 68 »	» » »	27	4,082 »	13 octobre 1841.
Mussey........	14 23 »	3 45 »	780	35,609 80	Décembre 1856.
Rancourt......	9 00 »	1 76 50	345	26,592 50	14 décembre 1852.
Rosnes........	8 13 16	» 36 83	84	3,241 »	5 décembre 1841.
Rupt-sur-Saulx.	7 35 »	» 14 »	76	8,658 «	28 novembre 1841.
Seigneulles....	11 26 50	» 47 10	182	12,088 »	12 janvier 1846.
Vaubecourt....	22 77 »	2 20 »	298	31,406 90	Décembre 1856.
Véel..........	2 55 86	» » »	14	1,000 «	1er avril 1847.

Quant à ses acquisitions, elles ont été, savoir : le 24 février 1586, d'une rente de huit gros, et de quatre-vingts verges de vigne, situées à la contrée de Torteloup, provenant des usages de la ville, moyennant treize francs huit gros; en 1711, de la moitié des gagnages de Chardogne et d'Erize-la-Brûlée, dont une moitié seulement lui avait été donnée, et les deux années suivantes, de quelques pièces de terre pour en augmenter l'importance; en 1723, de plusieurs vignes, sur

le finage de Longeville; le 7 avril 1769, d'une foulerie avec
cave et grenier, rue des Ecuries, moyennant deux mille francs,
pour y placer le matériel nécessaire à l'exploitation de ses
vignes, son local étant devenu des plus insuffisants; le 6 septembre 1772, de deux cent quarante-quatre verges de terre,
de vingt-quatre de pré et de sept de chènevière, le tout situé
à Seigneulles, moyennant trois cents livres; le 6 septembre
1773, d'un gagnage, à Chardogne, loué huit paires blé et
avoine, moyennant sept cent soixante et onze livres quinze
sous; le 12 juillet 1777, d'un gagnage, à Vaubecourt, de cinquante-neuf jours douze verges et demie de terre, de quatre
fauchées soixante et onze verges de pré, loué soixante-quinze
paires, blé et avoine, moyennant huit mille livres; le 5 janvier 1829, de cent quatre-vingts verges, tant terre que pré, à
la décharge du ruisseau de Naweton, moyennant quatre mille
cinq cents francs; en 1834, de quarante-cinq verges de jardin,
moyennant trois mille francs; le 27 août 1842, de deux hectares cinquante-six ares de pré, sur le finage de Fains, moyennant quatorze mille deux cent cinquante francs; le 26 août
1847, de trente-quatre ares de pré, à Tremble-Voleur, moyennant trois mille francs; le 1er mars 1849, d'un petit terrain,
pour l'élargissement d'une partie du passage de la rue du
Pont-Triby à la rue des Romains, moyennant deux cent
quatre-vingt-huit francs cinquante centimes; le 15 mars 1851,
d'une ferme, dite de *Vadinsaux*, consistant en un vaste bâtiment avec granges et écuries, et en deux cent dix hectares de
terre, moyennant cent cinquante-sept mille huit cents francs,
immeuble auquel il a ensuite été ajouté, de 1852 à 1854, six
hectares trente et un ares de terre, moyennant six mille deux
cent quatre-vingt-dix francs, et une bergerie, construite en
1853, ayant nécessité une dépense de dix-huit mille trois cent
quatre-vingt-dix-sept francs, le tout loué quatre mille deux
cents francs; le 16 mars 1852, d'un jardin, en prévision de
nouvelles constructions, moyennant sept mille six cent quatre-
vingt-deux francs; le 26 avril 1857, de treize ares quarante-
six centiares de jardin, pour agrandir celui de l'hôpital

moyennant neuf mille quatre cent vingt-sept francs; et le 10 juin suivant, de dix ares soixante-dix-sept centiares de terrain pour l'établissement de son bâtiment, situé au Nord, moyennant vingt-six mille trois cent quatre-vingt-dix-sept francs.

Avec les ressources dont dispose l'hôpital, on comprend qu'en outre des trente-trois lits, pour l'entretien desquels des fondations spéciales ont été faites, il en est un certain nombre d'entretenus à ses frais, que l'administration augmente ou réduit ensuite quant à leur affectation, d'après les nécessités du moment. Ces lits sont distribués en lits à guérison, et en lits à vie, et ont successivement été établis dans l'ordre suivan¹ :

	Lits à guérison.				Lits à vie.				
	Hom¹.	Fem¹.	Total.		Hom¹.	Fem¹.	Total.		Totaux.
23 frimaire an xiv.	2	2	4	—	13	23	36	—	40
2 novembre 1815.	6	7	13	—	9	18	27	—	40
15 décembre 1826.	6	8	14	—	11	20	31	—	45
19 juillet 1841....	7	9	16	—	12	22	34	—	50
20 juillet 1842....	9	11	20	—	12	22	34	—	54
28 novembre 1851.	10	12	22	—	12	22	34	—	56
30 janvier 1860...	11	12	23	—	12	23	35	—	58

Dans ce nombre se trouvent compris les trois lits fondés à l'atelier de charité : l'un, le 17 juillet 1784, par l'abbé de Cheppe; l'autre, le 21 août 1785, par l'ordre noble de Saint-Hubert-en-Barrois, moyennant une donation de trois mille livres, au profit d'un indigent de la ville, au choix et à la nomination de la Chambre des Comptes; et le troisième, le 20 novembre 1786, par la dame de Lavernay de Fouraire; lesquels lits avaient été transférés au prieuré, avant même que le service de l'hôtel-Dieu y fût installé.

Que l'on jette maintenant un coup d'œil sur quelques-uns

des comptes de la gestion de cette maison, et l'on aura non-
seulement une idée de la nature et de l'importance de ses
recettes et de ses dépenses, à différentes époques, mais on
y trouvera la preuve de tout ce qui précède, sur sa marche et
son développement, depuis le jour où elle a été administrée
sous la direction de l'Hôtel-de-Ville et la surveillance de la
Chambre des Comptes.

Le budget de l'année 1573, étant le premier de ceux qui ont
pu être consultés, servira donc de point de départ pour se
livrer à cette appréciation.

CHAPITRE DES RECETTES.

	Francs.	Gros.	Deniers.
Reliquat de l'année précédente..............	38	8	6
Rente constituée sur les Anthonistes...........	300	»	»
Rentes constituées sur particuliers............	170	7	12
Location d'une pièce de terre, à Longeville.....	8	1	8
Quêtes à l'église Notre-Dame.................	32	5	6
Quêtes à l'église des Augustins...............	6	3	7
Quêtes à l'église de Saint-Maxe..............	»	11	2
Quêtes à l'église de Saint-Pierre..............	31	3	»
Produit des aumônes.......................	22	9	4
Produit de la vente de matériaux.............	4	6	6
Produit de la vente des poires du jardin........	5	1	11
Produit de la vente des pigeons du colombier....	9	11	1
Total (1).........	630	9	2

non compris la représentation en argent de vingt-cinq cordes
et demie de bois, de quatre mille sept cents fagots, et des
pigeons réservés pour les besoins de la maison. Le colombier
fournissait habituellement alors, de quatre-vingts à cent paires
de pigeons, par an, et la paire se vendait à raison de trois à
quatre gros.

(1) Le franc Barrois était de douze gros, et le gros, de seize deniers.

CHAPITRE DES DÉPENSES.

	Francs.	Gros.	Deniers.
Entretien de l'hospitalier et des pauvres........	408	4	»
Vingt-sept linceuls.........................	25	3	12
Huit fardeaux de paille, pour les lits...........	1	11	12
A un homme ayant la jambe coupée..........	»	6	»
Dix boîtes d'onguent à un malade de la ville.....	2	»	6
Six boîtes d'onguent à un malade de l'hôpital....	1	6	12
Au marguillier de Saint-Antoine, pour l'enterre-ment de quatre-vingt-cinq pauvres..........	5	4	11
Nettoyage des arbres de l'hôpital..............	»	6	»
Deux minottes et demi d'avoine pour la nourri-ture des pigeons, pendant l'hiver............	2	6	»
Réparations diverses........................	5	7	13
Réparation au colombier.....................	1	11	12
Garde du bois de l'hôpital....................	»	10	»
Grosse dîme aux fermiers du tabellionage.......	1	2	10
Charroi de vingt-cinq cordes et demie de bois..,	25	6	»
Charroi de quatre mille sept cents fagots........	23	6	»
Façon de la corde, deux gros ; de cent fagots, huit deniers..................................	26	9	11
Une bouteille de vin donnée aux bûcherons......	»	4	8
Pain donné aux charretiers.................,,	»	9	»
L'hospitalier, pour avoir remisé le bois et les fagots.........................,......,,......,	2	2	4
Au gouverneur......,....................,,,	10	»	»
Au notaire, pour avoir dressé le compte..,...,,,	3	1	8
Pour le papier du compte....,,.............,,	»	4	4
Total........	550	4	11

Pour une population de huit infirmes, de deux orphelins, d'un hospitalier et de quelques voyageurs indigents.

La dépense était arrêtée, chaque semaine, par la Chambre

des Comptes, sur les indications du gouverneur. Elle se montait habituellement, en temps ordinaire, à la somme de cinq francs deux gros, et consistait : en pain, deux francs ; en viande de bœuf ou de mouton, neuf gros ; en quatre pots de vin, sept gros deux deniers ; en un quart de sel, quatorze deniers ; en une livre de beurre, cinq gros ; en une livre de fromage, trois deniers ; en objets divers, neuf deniers, et en traitement de l'hospitalier, dix gros. En temps de carême, elle était de six francs trois gros deux deniers, savoir : pain, deux francs sept gros ; morue et flocfix ou morue sèche, quatre gros ; quatre pots de vin, sept gros deux deniers ; un quart de sel, quatorze deniers ; deux livres de beurre, dix gros ; oignons, quatorze deniers ; quatre chopines de pois, deux gros ; quatre chopines d'orge, huit deniers ; objets divers, deux gros ; et traitement de l'hospitalier, dix gros. Toutefois, à certaines époques de l'année, telles que le jour des Rois, le jour des Beignets et le jour de la Cène, fêtes réservées dans le Barrois, la dépense était un peu plus élevée, à raison du pain blanc, de la plus grande quantité de vin, et des mets plus succulents, donnés aux malheureux qui s'y trouvaient, afin que « quoique séparés de leurs familles, ils pussent, comme elles, célébrer ces fêtes dans l'abondance et dans la joie. »

Outre ces dépenses, il y en avait de temps en temps quelques-unes d'extraordinaires : ainsi il est porté dans le compte de 1576, une somme de treize francs neuf gros quatorze deniers, pour frais d'habillement, savoir : dix francs, pour huit aunes et demie de drap ; quinze gros, pour doublure ; douze deniers, pour façon ; trois gros deux deniers, pour fil et pour agraphes ; et un franc, pour trois paires de souliers (1).

---

(1) Le prix de la paire de souliers était, en 1610, de deux francs un gros, et celui du chapeau de l'hospitalier de deux francs.

Année 1605.

CHAPITRE DES RECETTES.

	Francs.	Gros.	Deniers.
Rentes constituées à sept pour cent..........	1,138	1	12
Rentes sur les religieux de Saint-Antoine.....	300	»	»
Quêtes faites à l'église Notre-Dame..........	28	2	10
Produit des aumônes......................	110	»	»
Produit des amendes.....................	331	6	»
Total........	1,907	10	6

CHAPITRE DES DÉPENSES.

	Francs.	Gros.	Deniers.
Entretien de l'hospitalier et des pauvres......	429	9	»
Vingt-quatre cordes de bois.................	100	»	»
Quarante hottées de marc de raisins..........	30	»	»
Deux chars de paille......................	7	»	»
Différents besoins de la maison..............	265	7	10
Secours en argent........................	198	6	»
Entretien des bâtiments...................	20	5	"
Frais de justice et de notaire...............	9	6	»
Au gouverneur...........................	20	»	«
Rédaction du compte.....................	5	10	»
Rédaction des minutes du compte..........	12	»	»
Frais de bureau et de papier...............	8	10	»
Placement de fonds, en constitution	762	»	»
Total........	4,869	5	10

Pour une population de cinq femmes infirmes, de trois orphelins et de l'hospitalier, dont la dépense était de neuf francs par semaine; ainsi que pour l'entretien au petit couvent d'une pauvre fille paralysée, à raison de dix-huit gros, également par semaine; et pour les secours donnés, tant à une veuve, chargée de six enfants, soit six gros pour le même temps, qu'à douze familles indigentes, assistées à domicile, à de pauvres voyageurs, et à des pèlerins.

D'après le compte du gouverneur, figurent, en outre, à l'article relatif aux dépenses pour différents besoins de la maison, une somme de quarante-trois francs deux gros, pour soixante-dix-neuf aunes de toile, à raison de six gros l'aune, et leur confection en treize chemises et en quatre garde-robes; et une de deux francs huit gros pour la teinture de ces dernières, ainsi qu'une de quatre francs six gros, pour dépenses de bouche du comptable et du notaire employés pendant un jour et demi, à l'inventaire des titres de l'hôpital, et une, en pain, « qui a esté pour cette année de cent sept francs » quatre gros quatre deniers, la livre à cinq desniers, com- » pris à la dicte somme deux pains blancs, pesantz trente- » deux livres, fourny aux pauvres qui ont faictz leurs pas- » ques, le lundi et le jeudy sainct de la grande sepmaine au « dict hôpital. »

Année 1650.

CHAPITRE DES RECETTES.

	Francs.	Gros.	Deniers.
Reliquat du compte de l'année 1649.........	466	6	11
Rentes constituées.........................,	4,777	3	11
Rentes sur l'Hôtel-de-Ville de Bar..........	315	»	»
Rente sur l'Hôtel-de-Ville de Paris..........	105	3	12
Rente sur l'abbaye de Lisle-en-Barrois.......,	300	»	»
Rente sur la commune de Souilly.........,..	210	»	»
Rente sur la confrérie du Saint-Sacrement....,	15	»	»
Location de quatre maisons................	100	»	»
Une portion du produit des quêtes faites à No-tre-Dame............................	30	8	»
Produit des aumônes....................,...	459	7	6
Produit des amendes.......................	158	4	»
Produit du tronc de l'hôpital...............	14	2	4
Rente sur les religieux de Saint-Antoine......	300	»	»
Fermages, évalués en argent,.....,.......,,	753	»	»
Produit de la vente des vieux vêtements,,.....	22	»	»
Remboursements de capitaux....,.,.......,.	1,332	»	»
Total........	9,359	11	12

CHAPITRE DES DÉPENSES.

	Francs.	Gros.	Deniers.
Dépenses en argent pour vingt-quatre pensionnaires....................................	4,670	7	8
Différents besoins de la maison..............	1,025	»	»
Nourriture pour pensionnaires, soldats et servants....................................	4,549	»	»
Au gouverneur..............	100	»	»
Au réveilleur de nuit.......................	25	»	»
Aux religieuses de Sainte-Claire.............	412	»	»
A deux pensionnaires.......................	84	»	»
Frais de justice............................	141	1	»
Frais de bureau............................	34	4	»
Fonds placés en constitutions................	300	»	»
Secours aux pauvres de la ville.............	76	4	»
Total........	8,417	4	8

Pour une population de vingt-quatre personnes, recevant, chacune, douze livres de pain, et de sept à vingt et un gros, par semaine, suivant les conditions stipulées lors de leur admission, ainsi que pour les familles secourues à domicile, les voyageurs indigents qui y ont été assistés, et les cent deux soldats, soignés au compte du duc de Lorraine, pendant les mois d'octobre, novembre et décembre de 1650.

Année 1700.

CHAPITRE DES RECETTES.

	Francs.	Gros.	Deniers.
Rentes constituées, à cinq pour cent.........	4,563	8	4
Rente sur le domaine.......................	430	10	»
Rente sur la ville de Bar...................	4,811	»	»
Rente sur la ville de Paris.................	105	»	»
Rente sur la confrérie du Saint-Sacrement....	275	»	»
Rente sur la commanderie de Saint-Antoine...	300	»	»
Produit des bois...........................	320	»	»

Produit des fermages évalués en argent :

	Francs	Gros	Deniers
cent quatre-vingt-cinq bichets de blé.....	578	»	»
cent soixante-cinq minottes d'avoine......	103	1	8
vingt-sept bichets d'orge..............	20	5	12
Produit des vignes......................	74	6	»
Produit des aumônes....................	58	8	»
Remboursement de capitaux..............	1,854	6	»
Total........	10,494	9	8

CHAPITRE DES DÉPENSES.

	Francs.	Gros.	Deniers.
Dépenses générales pour les besoins de la maison.	4,583	4	1
Allocation aux pensionnaires................	1,065	10	11
Au gouverneur...........................	100	»	»
Acquisition de grains....................	728	»	»
Dépenses diverses.......................	301	10	»
Dépenses du compte......................	122	»	»
Culture des vignes.......................	50	9	»
Acquisition de vignes....................	300	»	
Placement de capitaux...................	2,733	»	»
Total........	9,984	9	12

Année 1750.

CHAPITRE DES RECETTES.

	Livres.	Sous.	Deniers.
Reliquat du compte de 1749................	813	13	3
Rentes..................................	6,025	11	6
Rentes sur le moulin de Revigny............	11	7	7
Aumônes et legs.........................	1,055	»	6
Journées de militaires....................	29	15	5
Fermages en argent......................	120	»	»
Vente de cinq cent trente-trois minottes d'a-voine..................................	437	4	»
Total (1).....	8,522	17	3

(1) La livre de Lorraine était de vingt sous, et le sous de douze deniers.

A ajouter la représentation en argent de huit cent quatre-vingt-sept bichets de blé, de cent vingt-trois d'orge, de douze livres de chanvre et d'un char de paille, réservés pour la consommation; et du produit de l'exploitation des bois de Mussey et de Souilly, et de cinquante-sept verges de vigne.

Chapitre des Dépenses.

	Livres.	Sous.	Deniers.
Pensions viagères..........................	500	»	»
Location de chambres pour des malheureux...	86	»	»
Viande............................	676	12	3
Lard..............................	357	14	9
Beurre............................	45	»	»
Fromage	42	2	9
Sel..............................	27	15	6
Vin..............................	170	19	»
Sucre............................	30	14	9
Pois et fèves.......................	41	10	»
Mouture de grains	48	7	»
Bois et charbon	403	10	3
Paille............................	54	14	»
Allocation du gouverneur................	200	»	»
Allocation du médecin.................	21	8	8
Allocation du chirurgien...............	30	»	»
Allocation de l'aumônier..............	188	8	6
Allocation des sœurs..................	200	»	»
Allocation du réveilleur de nuit..........	31	8	6
Allocation des gardes des bois de l'hôtel-Dieu..	10	»	»
Allocation du barbier	15	10	»
Allocation pour l'acquit de vingt-quatre messes.	12	»	»
Cuirs pour souliers....................	119	14	»
Au cordonnier, pour leur façon............	44	17	»
Maçon et charpentier..................	467	19	9
Menues dépenses......................	200	»	»
Dépenses diverses.....................	491	7	4
Frais de voyage, pour procès, et salaire de l'employé	426	14	»
Rédaction du compte, et papier............	37	2	6
Placements de capitaux.................	500	»	»
Total........	5,284	10	6

Pour une population composée de vieillards et d'enfants abandonnés.

Année 1779.
CHAPITRE DES RECETTES.

	Livres.	Sous.	Deniers.
Reliquat du compte de 1778.................	9,186	»	»
Rentes constituées........................	3,538	17	»
Rente sur l'hôtel-de-ville de Paris...........	44	2	9
Rente sur la confrérie du Saint-Sacrement....	12	»	»
Cens sur la fabrique de Morlay..............	»	8	»
Cens sur les moulins de Revigny...........	69	7	»
Produit des aumônes......................	474	17	»
Journées de militaires.....................	115	4	4
Fermages, en argent......................	382	10	»
Vente de 119 boisseaux d'orge et de 271 minottes d'avoine........................	405	6	»
Vente de vin.............................	502	»	»
Vente d'un quart en réserve du bois de Souilly.	1,283	8	»
Remboursements de capitaux...............	2,814	3	3
Total........	18,830	10	4

Non compris la représentation, en argent, de neuf cent soixante-dix boisseaux de blé réservés pour la consommation de la maison.

CHAPITRE DES DÉPENSES.

	Livres.	Sous.	Deniers.
Viande..................................	944	18	»
Lard	428	»	»
Sel	83	3	10
Fromage, beurre, huile et savon............	218	11	10
Pois et fèves	89	6	»
Blé.....................................	76	13	»
Bois et charbon pour l'hôpital et la maison de charité...............................	854	15	8
Allocation du médecin.....................	40	»	»
Allocation du chirurgien...................	24	»	»
Allocation de l'aumônier...................	188	8	6

	Livres.	Sous.	Deniers.
Allocation du barbier	15	10	»
Allocation de la servante	35	»	»
Allocation de trois gardes forestiers.........	18	»	»
Allocation du réveilleur de nuit	40	»	»
Prix de sa casaque........................	10	5	8
Vestiaire de quatre sœurs.................	248	»	»
Argent mis à la disposition de la supérieure...	200	»	»
Acquit de vingt-quatre messes.............	12	»	»
Acquit du service Ladroite.................	9	»	»
Cens sur une foulerie......................	»	19	»
Location d'une chambre....................	10	6	8
Entretien des bâtiments....................	422	7	10
Culture des vignes et achats de tonneaux......	436	13	10
Chanvre, laine, cuir et cire...............	327	13	2
Fabrication de toile......................	86	»	10
Aumônes à des voyageurs..................	42	8	»
Acquisition d'une horloge en bois...........	37	10	»
Acquisition d'un gagnage, à Vaubecoourt.....	8,000	»	»
Honoraires du notaire.....................	182	1	»
Frais d'arpentage, de justice, et ports de lettres.	135	5	5
Aux dames de Sainte-Claire................	12	»	»
Aux Capucins.............................	12	»	»
Allocation du gouverneur..................	100	»	»
Frais de bureau	35	4	3
Placements de capitaux....................	2,814	3	3
Total........	16,196	5	11

Pour une population de quarante-huit personnes, tant infirmes que pensionnaires, de quatre sœurs de Saint-Charles, d'un certain nombre d'enfants trouvés et abandonnés, et d'une infirmière.

Année 1804.
CHAPITRE DES RECETTES,

	Francs.	Centimes.
Rentes sur particuliers.........................	4,868	17
Location d'une maison.........................	50	»
Produit des immeubles, évalué en argent..........	2,425	»

	Francs.	Centimes.
Produit du jardin............................	315	»
Produit des bois.............................	478	65
Produit du travail de la maison................	1,200	»
Produit des spectacles et fêtes publiques.........	300	»
Allocation sur l'octroi........................	7,000	»
Ressources imprévues.........................	600	»
Ressources à la charge de l'Etat, conformément à la loi du 15 juin 1793 :		
Capital dû par le clergé......................	1,842	»
— par la fabrique de Saint-Antoine......	151	»
— par le trésor national..............	1,025	»
— par l'ordre de Malte................	1,125	»
Total........	18,379	82

CHAPITRE DES DÉPENSES.

	Francs.	Centimes.
Dépenses générales............................	17,947f	»c
Gages du boulanger et du jardinier..............	120	»
Contributions des propriétés....................	672	»
Contributions de la maison.....................	36	60
Entretien des propriétés.......................	1,500	»
Entretien de la maison........................	300	»
Dépenses imprévues...........................	600	»
Dépenses arriérées............................	3,588	»
Allocation du receveur........................	1,200	»
Allocation de l'aumônier.......................	150	»
Frais de bureau..............................	200	»
Frais du culte...............................	200	»
Rentes viagères..............................	115	75
Total........	25,837f	35c

Pour une population de douze malades, des deux sexes, de trente femmes et de quatorze hommes, vieillards et infirmes, de trente-six enfants trouvés et abandonnés, de cinq sœurs de Saint-Charles, de cinq sœurs de Saint-Vincent de Paul, de trois domestiques, d'un boulanger et d'un jardinier.

Quant aux comptes des années suivantes, ils révèlent la prospérité sans cesse croissante de l'hôpital; et comme il a paru inutile d'en exposer les détails, leurs résumés suffiront pour en caractériser l'importance, ainsi :

Années.	Recettes.	Dépenses.
1810.	50,057 fr. 50 c.	37,765 fr. 98 c.
1820.	49,624 fr. 45 c.	45,752 fr. 66 c.
1830.	65,160 fr. 40 c.	56,403 fr. 44 c.
1840.	78,483 fr. 86 c.	74,351 fr. 81 c.
1850.	77,654 fr. 93 c.	85,989 fr. 11 c.
1860.	122,019 fr. 77 c. (1)	110,051 fr. 06 c. (1)

Les recettes de l'année 1874 ont été de 158,797 fr. 46 c., et les dépenses de 159,452 fr. 60 c.

Le mouvement de la population, pendant cette dernière année, peut être établi de la manière suivante, en prenant pour base le nombre de journées passées à l'hôpital par les différentes personnes qui y sont ou à demeure ou qui n'y ont séjourné que pendant un certain temps.

		Journées.			Journées restante
Malades.....	Hommes.	12,189,	soit	33 personnes.	144
	Femmes.	9,458,	—	25 id.......	333
	Enfants..	1,677,	—	4 id.......	217
	Militaires	9,826,	—	26 id.......	336
Vieillards....	Hommes.	5,547,	—	15 id.......	72
	Femmes.	10,969,	—	30 id.......	49
Pensionnaires	Hommes.	2,015,	—	5 id.......	490
	Femmes.	4,869,	—	13 id.......	121
Orphelines		2,920,	—	8 id.......	»
Apprenties pensionnaires.		1,797,	—	4 id.......	337
Enfants assistés........		7,309,	—	20 id.......	9
Préposés et servants.....		7,086,	—	19 id.......	161
Employés............		730,	—	2 id.......	»
Sœurs		5,615,	—	15 id.......	140
Elèves sages-femmes		3,252,	—	8 id.......	332
Totaux........		85,259,	—	227 id.......	2,401

(1) Les recettes et les dépenses ordinaires de l'exercice 1860 se sont élevées à 71,192 fr. 72 et 66,366 fr. 82, déduction faite des fonds alloués pour le service extérieur des enfants assistés.

Et comme les 2,404 journées restantes révèlent, de leur
côté, la présence de six personnes en plus, et même d'une
septième, pour un séjour de sept mois quatre jours, seulement, il en résulte qu'il y a eu continuellement, en moyenne,
à l'hôpital, deux cent trente-trois, et même deux cent trente-
quatre personnes, en y comprenant la dernière. Enfin, d'après
les dépenses effectuées dans l'année, le prix de journée y a
été de un franc quatre-vingt-sept centimes.

ASILE D'ORPHELINES.

Cet asile est dû à la généreuse et libérale initiative de
Monsieur Claude M.   on et de Mademoiselle Esther MILLON,
sa sœur, par une donation de seize mille francs faite à l'hôpital, le 13 décembre 1851, pour l'établissement de six lits
d'orphelines, dont ils se sont réservés le droit de disposer,
pendant leur vie. L'hôpital en ayant ensuite fondé un, en
1854, et un anonyme, un, dans le courant du mois d'août
de la même année, en déposant dans le tronc de cet établissement une somme de trois mille francs au profit d'une
orpheline, à la désignation du curé de la paroisse Saint-
Etienne, leur nombre se trouve actuellement de huit.

La fondation d'un lit y est fixée à trois mille francs; et
comme ceux établis peuvent, d'un jour à l'autre, devenir
insuffisants, l'hôpital en met quelques-uns, au fur et à mesure
des besoins, à la disposition de jeunes filles orphelines ou
non, moyennant un prix de pension de deux cent cinquante
francs, pour celles qui doivent les occuper jusqu'à l'âge de
quinze ans; de deux cents francs, jusqu'à l'âge de dix-huit
ans; et de cent cinquante francs, jusqu'à l'âge de vingt et
un ans.

Les unes et les autres n'y sont admises qu'autant qu'elles
ont six ans au moins, et huit ans au plus, et qu'elles ne sont
atteintes d'aucune affection contagieuse. Elles y sont soumises à un régime commun, y reçoivent l'instruction pri-
maire et religieuse, et y sont exercées aux travaux de la

couture. Un trousseau leur est donné, à leur sortie, lorsque leur séjour s'y est prolongé jusqu'à leur majorité, pour les pensionnaires; et jusqu'à l'âge de vingt et un ans, pour les orphelines, entretenues aux frais de l'établissement. Elles en sont privées lorsque, sauf le cas de mariage, elles devancent ces époques.

ÉCOLE DÉPARTEMENTALE D'ACCOUCHEMENT.

L'école départementale d'accouchement actuelle n'est point le premier établissement de cette nature créé dans la ville de Bar; un cours d'accouchement y avait été ouvert, le 12 fructidor an VIII, dans une des salles du collége, seulement il y était beaucoup moins complet que celui professé aujourd'hui. On y enseignait les principes de l'art, mais on ne pouvait, faute de sujets d'études, les y démontrer d'une manière pratique. Et, en effet, toutes les filles enceintes, pouvant servir à l'instruction des élèves, étaient alors dirigées sur la maison de répression et de secours de la ville de Nancy, ainsi que le révèle une lettre du préfet de la Meurthe, en date du 20 juin 1806, adressée au maire de la ville de Bar, pour le prévenir « qu'à raison de l'insuffisance des res-
» sources de cette maison, les portes en seront fermées, à
» l'avenir, à tous les psoriques et autres malades que l'on y
» envoie habituellement, à moins qu'ils ne soient d'une loca-
» lité où il n'existe ni hôpital ni bureau de bienfaisance, et
» ne seront plus ouvertes qu'aux filles arrivées à la fin du
» neuvième mois de leur grossesse. »
Ce cours, pour lequel il était fait au professeur un traite-
ment de deux cents francs, prélevé, dans le principe, sur les fonds du département, et, à partir du 19 ventôse an XI, sur le produit du droit d'examen payé par les officiers de santé et les pharmaciens, lors de leur réception par le jury médical de la Meuse, n'eut, malgré ses avantages, que quelques années d'existence; les membres du jury, ayant exigé, comme cela était leur droit, de percevoir, à titre d'indemnité,

la totalité des frais de ces examens, on manqua de fonds pour
le faire continuer.

Le conseil général, frappé, quelques années plus tard,
des inconvénients qui résultaient du petit nombre de sages-
femmes établies dans le département, se préoccupa de cette
situation, et, pour y remédier, résolut, en 1820, de rétablir
cet enseignement avec tout le développement théorique et
pratique qu'il comporte, de manière à former des sages-
femmes pour répondre aux besoins de toutes les communes
du département. Il pria en conséquence le préfet de demander à la commission administrative de l'hôpital de mettre à
sa disposition une partie du bâtiment, construit en bois, pour
y organiser ce cours, et loger les jeunes filles appelées à le
suivre. La commission, de son côté, n'ayant point de motifs
sérieux pour repousser cette demande, y fit droit, le 19
octobre 1821, à la condition, toutefois, que dans aucun cas
et à aucune époque, cette école ne serait jamais à titre
onéreux pour l'hôpital, et qu'il lui serait tenu compte de la
moitié, au moins, des dépenses que lui occasionneraient
l'appropriation et l'ameublement du local. C'est ainsi qu'une
somme de dix-sept cent cinquante francs, lui a été remboursée, au mois de juin 1821.

Ce local fut d'abord disposé pour recevoir et loger neuf
élèves, une maîtresse sage-femme, et, conformément à une
décision du 10 février 1821, trois femmes arrivées au terme
de leur grossesse. Un règlement fut ensuite arrêté, le 22
octobre suivant, pour tout ce qui concerne sa gestion : l'ad-
missibilité des élèves, leur régime, leurs études, leur tenue,
et le bon ordre, en général.

Des jeunes filles et des femmes veuves sont indistinctement
admises à cette école; elles doivent être âgées de dix-huit
ans, au moins, et de trente-cinq, au plus, savoir lire, écrire,
et calculer, et payer un prix de pension qui, après avoir été
de trois cent soixante francs, dans le principe, est actuellement de quatre cent cinquante francs; mais comme leur
situation financière ne leur permet généralement pas de sub-

venir à une pareille dépense, leurs communes interviennent
le plus souvent en en prenant une partie à leur charge, et
le département, de son côté, par ses deux demi-bourses,
créées en 1848, et ses quatre, en 1850, vient ainsi, chaque
année, en faciliter l'entrée à un certain nombre d'entre
elles.

Un professeur, secondé par une maîtresse sage-femme qui
doit avoir fait ses études à l'école de Maternité de Paris, est
tenu de leur faire une leçon d'une heure et demie, trois ou
quatre fois par semaine, suivant la saison, et de les exercer à
la pratique des accouchements. A l'expiration de l'année sco-
laire, il leur fait subir un examen en présence de la commission de surveillance de l'école, lui signale celles auxquelles
elle devra attribuer les deux prix et les deux accessits institués, à titre de récompense, pour avoir le mieux profité de
leurs études, et s'être le plus distinguées par leur zèle et leur
bonne conduite, et soumet ensuite à sa sanction le certificat
d'études qu'il leur délivre pour se présenter, dès le lendemain
de leur sortie, devant les professeurs de la Faculté de Nancy,
appelés à apprécier si elles ont les connaissances suffisantes
pour assister les femmes qui viennent à réclamer leurs soins.

Cet examen, il y a peu d'années encore, avait une importance qu'il n'a plus aujourd'hui ; il donnait alors aux élèves
qui l'avaient convenablement passé le droit d'exercer provisoirement leur art jusqu'au jour où, après de nouvelles épreuves
subies devant un jury médical, habituellement celui de Châ-
lons-sur-Marne, elles obtenaient leur diplôme de sage-femme.
Aussi pour constater d'une manière plus immédiate leur
savoir et leur aptitude, elles étaient interrogées, avant la suppression des jurys médicaux, survenue le 22 août 1856, non-
seulement par leur professeur, mais par un membre du jury
médical de la Meuse, et par un autre docteur en médecine ou
un chirurgien (1).

(1) Les médecins, attachés successivement à cette école, à titre de professeurs, ont été MM. Régnier, Moreau, Dufour, Champion et Nève auquel
a succédé le docteur Micault, actuellement en fonctions.

Pour indemniser l'hôpital de la partie des bâtiments qu'il avait cédée, et se couvrir ensuite de toutes ses dépenses relatives à l'entretien, au chauffage et à l'éclairage de cette école, ainsi qu'à la nourriture et au séjour, en quelque sorte simultané et continuel, de trois femmes en couches, il lui était alloué le produit de la pension des élèves, soit un prix de journée d'un franc vingt centimes, par personne ; et comme cette allocation avait été établie en prévision de la présence de neuf élèves, au moins, et que leur nombre, après avoir été de dix et même de douze, s'était trouvé réduit à quatre de 1825 à 1826, et à trois, de 1828 à 1829, il en est résulté une telle perte que l'on y dut, le 5 décembre 1828, exprimer le désir de la voir fermer jusqu'au jour où elle aurait un personnel assez nombreux pour être en situation de subvenir à ses propres dépenses ; et demander, qu'en attendant cette mesure, on voulût bien porter le prix de journée à un franc cinquante centimes, afin de rentrer, autant que possible, dans les frais nécessités, pendant les vacances, par l'entretien des femmes en couches, et par celui de la maîtresse sage-femme et des deux élèves qui lui prêtent leur concours.

Le Conseil général ne fit droit à cette démarche qu'en ce qui concernait le prix de journée, et pour l'année seulement, à cause de la cherté des vivres ; ayant ensuite voulu l'abaisser à un franc, l'année suivante, pour rendre l'école accessible à un plus grand nombre de personnes, il dut y renoncer en présence de l'opposition de l'hôpital. Celui-ci, toutefois, consentit à ce qu'il fût fixé à un franc vingt-cinq centimes ; et pour contribuer, autant que possible, de son côté à la prospérité de cette institution à laquelle, du reste, il était intéressé, il offrit, le 5 décembre 1833, d'en renouveler, à ses frais, les lits et les couchages, au lieu et place du département. Ce prix se trouvait encore porté à un franc cinquante centimes, lorsque le 8 août 1837, l'hôpital proposa de le ramener à un franc vingt-cinq centimes, si l'on s'engageait à lui allouer deux francs, par jour, et par chaque femme en couches ; proposition qui n'ayant point été acceptée, fut renou-

velée sans plus de succès, les 21 novembre 1838 et 31 juillet
1841. Cette fin de non recevoir ne devait néanmoins durer
qu'un certain temps ; et, en effet, il vint un jour où le Conseil
général, frappé de l'insuffisance des ressources provenant de
la pension des élèves, et de l'impossibilité où se trouvait cette
école, d'en affecter une partie à l'entretien des femmes en
couches, reconnut qu'il était de toute justice de lui constituer
une allocation pour subvenir à cette dépense, et inscrivit, en
conséquence, une somme de quatre cents francs, à son profit,
dans son budget de 1843, somme qu'il lui continua jusqu'en
1870, et porta, à partir de cette époque, à neuf cent trente-
cinq francs, jusqu'en 1873, où elle fut ramenée à son chiffre
primitif de quatre cents francs, malgré les réclamations de
l'hôpital.

Cette école est placée sous la surveillance d'une commission
spéciale. La supérieure de l'hôpital est chargée d'y maintenir
le bon ordre, et la maîtresse sage-femme d'y veiller à la conduite et à la bonne tenue des élèves ; aussi celle-ci est-elle tenue
de se trouver continuellement avec elles, excepté la nuit où,
à tort, elle se retire dans une pièce par trop éloignée de leur
dortoir, de partager leurs repas, de les aider dans leurs
études, de les suivre dans leurs récréations, et de leur consacrer, en un mot, tout son temps. Et pour la prémunir, ensuite,
contre tout ce qui serait de nature à la distraire de ses attributions, il lui a été expressément défendu, le 11 mai 1839,
de se livrer en ville à la pratique des accouchements, et le 2
février 1849, par mesure d'ordre, de recevoir qui que ce soit
chez elle pour y passer la nuit, fut-ce même un membre de sa
famille.

La moyenne des élèves y a été de sept, de 1822 à 1850, et
de huit environ, de 1850 à 1872. Quinze s'y trouvaient, en
1850, et seize, l'année suivante, à la suite de la création des
demi-bourses. Quant aux lits, mis à leur disposition, il y en
eut d'abord neuf d'installés, ensuite douze, en 1844, et dix-
huit, en 1858, conformément à une demande du préfet, en
date du 30 juin 1853, auquel le professeur avait exposé la

nécessité de cette augmentation, en lui représentant qu'il pourrait bien arriver un jour où il serait exigé des élèves deux années d'études au lieu d'une.

Les rapports entre les deux établissements n'ont pas toujours été exempts de difficultés ; ainsi les sœurs se plaignirent très-amèrement de ce qu'au mépris de la promesse qui leur avait été faite de ne recevoir à la Maternité, que des femmes mariées, on y admettait des filles enceintes, depuis le 12 septembre 1834. Mais comme la commission de surveillance démontra la nécessité de cette mesure, en faisant ressortir combien était insuffisant, pour l'instruction pratique des élèves, le petit nombre de femmes qui se présentaient pour faire leurs couches, le préfet prit, en conséquence, le 10 décembre suivant, un arrêté qui autorisait l'admission de ces filles, à l'exception, toutefois, de celles reconnues pour se livrer à la prostitution.

Quant à la commission administrative, il lui fallut, de son côté, intervenir dans plusieurs circonstances, non-seulement pour tempérer les exigences de la maîtresse sage-femme et la rappeler à son devoir, mais pour obtenir de la commission de surveillance certaines mesures reconnues nécessaires, pour lui en contester d'autres qui lui paraissaient moins urgentes, et enfin pour réprimer la conduite des élèves et celle de la maîtresse sage-femme. Ainsi elle dut plusieurs fois s'élever contre la consommation exagérée du bois de chauffage de la part de la maîtresse sage-femme, et finir, le 12 novembre 1844, par lui en limiter la quantité à deux stères, comme largement suffisante pour ses propres besoins, du moment où elle est tenue de passer tout son temps au milieu des élèves. Le 23 septembre de l'année suivante, pour faire sentir à cette même sage-femme l'inconvenance de sa conduite, elle mit à sa charge, à raison d'un prix de journée de deux francs cinquante centimes, la dépense occasionnée par le séjour d'une fille qu'elle avait admise à la Maternité pour y faire ses couches, contrairement à une décision du maire.

Un jour elle engagea la commission de surveillance à faire

enregistrer tout ce qui pouvait être relatif à la naissance de
chaque enfant dans l'établissement, afin d'avoir le plus de
renseignements possible sur leur identité, lorsque leurs
mères, après les avoir déposés dans le tour de l'hôpital, viendraient à les réclamer; et ayant échoué dans cette démarche,
ainsi que dans celle qu'elle fit en 1846, lorsqu'elle appela
l'attention de cette commission sur la nécessité de prévenir
aussitôt le secrétaire de l'hôpital du décès d'un enfant, afin
qu'il puisse, le jour même, en faire la déclaration à la mairie,
conformément à l'article 56 du code civil, il.lui fallut plusieurs fois revenir sur l'urgence de ces deux mesures, avant
de les voir adoptées, et encore n'y est-elle parvenue, en 1851,
qu'après avoir démontré combien peu était fondée la crainte
qu'elles eussent pour résultat d'éloigner de la Maternité un
grand nombre de filles enceintes, en ne leur offrant plus les
mêmes garanties pour y pouvoir cacher aussi facilement leur
honte, et de nuire ainsi à l'instruction des élèves.

Invitée, à une certaine époque, à augmenter le nombre des
lits, affectés au service des femmes en couches, elle s'y refusa, en faisant observer que l'on pouvait très-bien se contenter
de ceux qui existaient si, comme cela devait avoir lieu, on
n'en faisait pas profiter des filles ou des femmes dont l'état
d'indigence n'av; t pas toujours été parfaitement constaté; et
comme cette de ande lui fut renouvelée plus tard, elle consentit, le 19 dé embre 1870, à en disposer deux, à titre temporaire, c'est- -dire ne devant être utilisés qu'en cas d'urgence, à la c ndition qu'il lui serait payé deux francs, par
jour et par lit occupé.

Enfin elle dut, en 1851, prier le préfet d'user de son autorité pour mettre un terme aux actes d'insubordination dont se
rendaient coupables la maîtresse sage-femme et les élèves en-
vers les sœurs et la supérieure de l'hôpital.

Le budget de cette école se trouvait réglé de la manière
suivante pour l'année 1875.

CHAPITRE DES RECETTES.

Francs.

Allocation départementale......................... 5,165

CHAPITRE DES DÉPENSES.

La même somme représentée par :

Traitement du professeur...........................	600
Traitement de la maltresse sage-femme..............	1,000
Traitement du professeur de français................	300
Frais d'instruction pratique........................	100
Nourriture de la maltresse sage-femme..............	550
Nourriture des deux élèves qui restent à la Maternité, pendant les vacances.................................	185
Indemnité à l'hospice pour l'entretien des trois lits à la Maternité...	400
Médicaments aux élèves en cas d'indisposition........	150
Places des élèves à la paroisse Notre-Dame..........	30
Livre d'instruction pratique fourni à chaque élève (*Traité de Chailly*)...	150
Prix de fin d'année..................................	75
Fournitures de bureau...............................	75
Trois bourses départementales......................	1,350
Journées d'entretien des femmes en couches admises en sus du nombre total de journées représentées par trois lits permanents rappelés plus haut......................	200

Total......... 5,165

PIÈCES JUSTIFICATIVES.

—

NOTE A.

Odo Dei gratiâ Leucorum episcopus omnibus tam præsentibus
quam futuris in perpetuum.

Sicut per defectum scripturæ
vel testim lites et scandala sæpis-
simè oriuntur, sic per eorum no-
titiam exortæ sapiuntur; indè est
quod notum facimus tam præsentibus quam posteris quod Nos,
Priori Ecclesiæ sanctæ Mariæ de
Barro, domum et ecclesiam sancti
Dionysii quæ in câdem villa *Do-
mus Dei* appellatur, cum omnibus
appenditiis suis, sicut in privile-
gio Paschalis Papæ antiquitus ei
confirmatum est, liberè et eam
omni integritati in perpetuum pas-
sidendam concessimus, si qua igi-
tur in posterum ecclesiastica sæ-
cularisve persona contra hujus
nostræ conscriptionis decretum,
sciens agere tentaverit, excom-
municationi divinæ se noverit,
mancipatum donec ad satisfactio-
nem et emendationem venerit. Ut
autem hoc factum ratum et invio-
labile permaneat, divini officii
quâ fruimur auctoritate præcipi-
mus, et sigilli nostri confirmamus impressione.

Odon, par la grâce de Dieu,
évêque de Toul, à tout présent et
à venir à perpétuité.

Comme il arrive souvent que
les procès et les abus qui se pro-
duisent par défaut d'écrits et de
témoignages s'éteignent par leur
notoriété, Nous portons à la connaissance de tous ceux qui sont
présents et qui existeront par la
suite que nous avons librement
cédé en totalité au Prieur de l'E-
glise Notre Dame de Bar la maison et l'église de St Denis, connue dans la dite localité sous le
nom de *Maison Dieu*, avec toutes
ses dépendances selon le privilége
qui lui a été accordé jadis par le
pape Pascal. Si donc par la suite
un ecclésiastique ou un séculier
s'avise d'agir sciemment contre
le décret de ce présent écrit, il
saura qu'il est frappé *ipso facto*
d'excommunication jusqu'à satisfaction et amendement. Et pour
que le fait qui est l'objet de notre
décret soit ratifié et inviolable,
par l'autorité de cette divine charge dont nous sommes revêtu, nous
en donnons mandement et le confirmons par l'apposition de notre
sceau.

A*

Fait l'an 1194 de l'Incarnation.

Actum est hoc anno ab Incarnatione Domini M. I. LXXXIIII.

Les témoins du présent écrit sont : Theodoric archidiacre de Bar, Maître Jordan chanoine de St Etienne, Jean Besant, Maître Roger.

Testes sunt hujus : Dominus Theodoricus Archidiaconus, de Barro, Magister Jordan Beati Stephani Canonicus, Johannes Besantius, Magister Rogerus.

Copie collationnée par Perrot notaire Royal et Apostolique, le 12 mai 1738, et certifié le même jour, par Regnault, seigneur de Broussoy et de Raulecourt, capitaine provot gruyer et chef de police de la ville de St Mihiel.

NOTE B.

Innocent III, Evêque, le serviteur des serviteurs de Dieu, à ses fils bien-aimés, à l'Abbé et au monastère de St Mihiel, salut et bénédiction apostolique.

Il est convenable que nous donnions notre assentiment aux justes désirs des pétitionnaires et que nous comblions par notre concours des vœux qui sont conformes à la saine raison. C'est pourquoi très-chers fils en Notre Seigneur, en accordant toute notre bienveillance à vos justes suppliques, nous prenons sous la protection du Bienheureux Pierre et la Nôtre la ville de Condé avec son église, les dîmes et l'autel que vous y tenez de la largesse de Pierre et d'Odon, d'heureuse mémoire autrefois évêques de Toul, ainsi que l'hopital de St Denis, de Bar, avec l'église et ses dépendances, mêmement l'aleu de Gimécourt et de Troyon que vous avez acquis des frères Ponce et Hugo militaires avec la pleine approbation de leurs héritiers, puis les quinze livres de monnoie de Provins que Henry, jadis comte

Innocentius, Episcopus servus servorum Dei, dilectis filiis Abbati et conventui Sancti Michaelis salutem et apostolicam benedictionem.

Justis petentium desideriis dignum est nos facilem præbere consensum et vota quæ a rationis tramite non discordant effectu prosequente complere. Qua propter dilecti in Domino filii vestris justis populationibus, grato concurrentis assensu villam de Condeio cum ecclesia et decimis et altari quæ ex dono Petri et Odonis bonæ memoriæ quondam episcoporum Tullensium possidetis et hospitale sancti Dionysii in Barro cum ecclesia et appenditiis suis, similiter allodium de *Gemilly curte, de Troium* quod a duobus fratribus Pontio et Hugone militibus, laude et assensu hæredum suorum coemistis, et quindecim libras *Provenientis* monetæ quas Henricus comes quondam Barrensis vobis concessit in villa Barro annuatim percipiendas et ea quæ in præsentium justo et canonice possidetis aut in futurum justis modis, Domino largiente, poteritis adipisci sub protectione Beati Petri et Nostra suscipimus, et præsentis scripti testimonio seu patricinio communimus. Nulli ergo omnino hominum liceat hanc paginam nostræ protectionis infringere vel ansu temerario contraire. Si quis autem hoc attentare præsumpserit indignationem Omnipotentis Dei et Beatorum Petri et Pauli apostolorum ejus se noverit in cursurum.

de Bar, vous a accordées sur sa ville de Bar, comme devant être perçues par vous annuellement, enfin tous les biens que vous possédez maintenant justement et canoniquement ou que vous pourrez acquérir dans la suite par des moyens légitimes et par la grâce de Dieu. Nous couvrons la totalité de ces biens de notre haut patronnage comme l'atteste la présente Bulle. Que personne ne se permette donc de lacérer cette page qui témoigne de notre protection et ne soit assez osé et téméraire pour l'enfreindre. Quiconque aura commis cet attentat saura qu'il s'est exposé à encourir l'indignation du Dieu Tout-Puissant et de ses bienheureux apôtres Pierre et Paul.

Datum Laterani VII kalendas Aprilis Pontificatus nostri anno tertio.

Donné en notre palais de Latran, le 26 mars, la troisième année de notre Pontificat.

« Copie collationnée comme les deux précédentes. »

NOTE C.

Honorius, Episcopus servus servorum Dei. Dilectis filiis Abbati et conventui Sancti Michaelis, salutem et apostolicam benedictionem.

Justis petentium desideriis dignum est nos facilem præbere consensum et vota quæ a rationis tramite non discordans effectu prosequente complere. Qua propter, dilecti in Domino filii, vestris justis postulationibus grato concurrentis assensu, compositionem qua inter vos ex parte una et fratres hospitalii Barrensis Tullensis Diocesis ex altera, super ipsius

Honoré III, Evêque, le serviteur des serviteurs de Dieu. A nos très chers fils à l'Abbé et au monastère de St Mihiel, salut et bénédiction apostolique.

Il est convenable que nous donnions notre assentiment aux justes désirs des pétitionnaires et que par notre concours nous comblions des vœux qui sont conformes à la saine raison : C'est pourquoi, très-chers fils, en notre Seigneur, en accordant toute notre bienveillance à vos justes suppliques Nous confirmons par notre autorité apostolique la transaction qui a été faite à l'amiable entre vous, d'une part, et les frères de l'hôpital de Bar, diocèse de Toul, d'autre part, touchant le cimetière de ce même hôpital et d'autres articles avec la médiation de notre vénérable frère l'Evêque de Toul, diocésain du lieu, qui a bien voulu prêter son amicale intervention. Cette transaction nous ayant été notifiée comme le conseillait la prudence, et ayant été acceptée spontanément de part et d'autre et observée paisiblement jusqu'à ce jour, conformément aux termes du titre où elle est transcrite, nous l'approuvons et la couvrons de la protection de notre présente Bulle. Que personne ne se permette donc de lacérer cette page de notre confirmation et ne soit assez osé et téméraire pour l'enfreindre. Quiconque aura commis cet attentat saura qu'il s'est exposé à encourir l'indignation du Dieu Tout Puissant et de ses bienheureux apôtres Pierre et Paul.

Donné en notre palais de Latran, le 28 mars, la huitième année de notre Pontificat.

hospitalii cæmeterio et rebus aliis, mediante venerabili fratre nostro Tullensis Episcopo, loci diœcesino amabiliter intervenit, sicut hunc provide facta est, et ab utraque parte sponte recepta et hactenus purifice observata, et in confectis exinde litteris dicitur contineri, auctoritate apostolica confirmamus, et præsentis scripti patrocinio communimus. Nulli ergo omnino hominum liceat hanc paginam nostræ confirmationis infringere, vel ei ansu temerario contraire, si quis autem hoc attentare præsumpserit indignationem Omnipotentis Dei et Beatorum Petri et Pauli apostolorum ejus se noverit incursurum.

Datum Laterani V Kalendas Aprilis Pontificatus nostri anno octavo.

« Copie collationnée comme la précédente. »

NOTE D.

Nos Giles, par la graice de Deu, Euesque de Toul, et nos Thiebaut cuens de Bar faisons scauoir a tos Ceaux qui ces lectres verront et orront, que de tos les Basteus et les discordes qui estoient entre son priour et lou curciy de Bar, d'une part, et lou maistre et freires de la Maison Deu de ce meismes leu, d'autre part pais en est faicte par le comun consentement des partyes en teil maniere que li maistre et li freires de la deuant dicte Maison Deu renderont au deuant dict priour et an deuant dict curciy por tous les nouricons qu'ils feront des Bestes en paturhages de Bar, chacun an, vingt sols de Tournois,

lo Jor de la St Martin ou dedans la quinzaine, ot so ils no faisoient
poinct do norricon ils no payroient nuls do vingt sols deuant nomeis.
Au termine deuant dict, par chascune sepmeisne quo ils deburoient
lou paiement ils payroient doze sols do l'amende, et les aultres
dismes, ils pairont à la costume do la vile, fors quo do quatre vingt
Jors do terre et seis verges et demei, dont ils no pairont oncques
dismes, et por coste terre deuant dicte pairont li maistre et li freires
deuant dicts au priour deuant dict et au cureiq un mui de blef, moctié
froment moctié auesne, chascun an, lou Jor de la St Martin, et si i
auait moins de terres, moins en pairoient do blef à la raison, et
doiuent li maistre et li freires, deuant dict, au priour deuant dict, et
au Cureiy rendre, chascun an, quatre sols do reconnoiffance por lou
prei quo on apele lou prei Dou à payer au termine deuant dict; et est
à scauoir quo tos les dimeiges et tos les lundis et totes les festes de
nostre dame, lou jor de Noeil, lou jor de la Circonsision, lou jor de
l'Apparition, de l'Ascension, de la Natiuité de St Jean-Baptiste, de la
Dicace de l'Eglise parechiale, de la feste St Pierre et St Paul, de la
feste do tos les Seins, de totes les aumes, et de St Nicholas; totes les
offrandes qui venront à la meisse de lou cureiy de la maison Deu ou à
la meisse do celui qui chantera en la maison Deu seront à lou priour
et à lou cureiy do l'esglise de Bar, et les doibt meetre li cureiy de la
maison Deu, por son sairement, ou faire meetre celui qui touchera,
en uno boite ferrée à clef et à serre dont li priour et li curei deuant
dict auront la clef et poront penre la boite et ce quo dedans ierat ou
il ou lor messaige à lor volontei, et li curei de la maison Deu doibt
la boite gardier à bonne foy et deliurer au priour et au cureiy deuant
dict ou a lor messaige qui ils vouron' et si auleuns des parochiens
de la vile elisoit la sepontuire en la .son Deu, en la maladie de la
mort, li cort dou mort doibt estre portei en la paroche, et aprei la
meisse, lo cureiy de la paroiche lou doibt debonnairement conduire
en la maison Deu, et li bien qui adont seront faict en la maison Deu
en offrandes et en aultres chouses seront quitement en la maison Deu
qu'ex sort quo il soit, et si estranger homme moroit paiant ou elisant
sa sepontuire, les offrandes et tos aultres bienfaicts seroient de la maison Deu qu'ex sort quo il fust. Et par cest pais quo ci est diuisée sont
toutes aultres compositions arbitre deuant faict mis a nient et rapelei,
et coste pais doiuent jureir à tenir li cureiy de Bar et li maistre de la
maison Deu. Ci ont sont et lus apreis ans seront, et li abbés et li
couuent do St Mihiel sont octroid et i ont mis lor sacs auec lou sael
doudict maistre de la maison Deu et li freires et lou sael dou deuant
dict cureiy de la paroche do Bar, et nos Giles, euesque de Toul,
et nos Thiebaut, cuens de Bar, por ce quo ce soit ferme chouse et
Establo auons faict saeleir ces lectres de nos sacs, et si deuons faire
tenir ainsy comme il est delore diuisei. Ces lectres furent faictes en

l'an que li miliaire corroit por mil deux cent et cinquante seis ans au mois de mars.

Copie collationnée et certifiée comme la précédente.

NOTE E.

Thiebaut cuens de Bar consent et accorde le vendage faict à trèsfond par Messire Gilles de Bar, cheualier, du consentement de Goffrois son fils et Oudette sa fille, aux maître et freires de la maison Dou de Bar de toutes les terres qu'il a au finage de Bar et autre lieu près Bar, lesquels il tenoit, encore le prei qu'il a au finaige de Naiues, sa maison de la halle laquelle siet, et la maison Morel de Paris, sa vigne et son jardin entièrement; lesquels vigne et jardin sient dehors Bar la ville, dessous le chemin, francs de toutes choses hors deux septiers de vin qu'on doibt à la priorè de Bar, chascun an, et de ces choses le dict cheualier en reuesti la dicte maison Deu, moyennant deux cens liures de fors qui lui ont été payées, et à charge qu'il aura, chascun an, toute sa vie, de la dicte maison Deu, dix muis de ble moicté froment et auesno, dix muis de vin de prechant, scauoir quatre muis de vermeil et six du blan du cru de la dicte maison, à prendre en la cuue, au temps des vendages, cent dix sols de fors, deux charrettes de foing au temps des fenault, six charrettes d'estrain, une de sayglo et les autres de froment et d'auesno, un septier de pois, deux charrettes quinze traits pour ameiner bois audict cheualier de son bois et d'ailleur. Ce qui lui doibt estre charoyé en son hostel de Bar, et ce par lectres de 1269 au mois de may.

Copie conforme, extraite du registre de la Chambre des Comptes, le 2 mars 1746.

NOTE F.

Thiebaut, cuens de Bar, consent le vendage faict par le chatelain de Bar aux maître et freires de la maison Deu de Bar d'un prei seis deuant le moulin de Marbot et des près de la terre seigneuriale qui siet entre Bar et Remberecourt. L'an 1274 au mois de décembre.

Copie conforme, etc., comme la précédente.

NOTE G.

Thiebaut, cuens de Bar, assigne au maistre de la maison Dou de Bar son four de Marbot pour vingt souldées de terre qui doibent cheoir de la somme qu'il leur doibt embourser tant qu'il luy plaira et a ses hoirs qu'ils le tiennent, luy estant loisible de reprendre le dict four en rendant à la dicte maison la somme dont les dicts vingt souldées cheoient, et ce par lectres du vendredy de la quinzaine de la Chandeleur 1279.

Copie conforme, etc., comme les précédentes.

Note H.

« Robert duc de Bar, marquis du Pont, a tous ceulx qui ces presentes lectres verront ou orront salut. Comme entre les cures et sollicitude que souuent auons au régime de nostre pays et gouuernement de nos subjects au bien des quels nous ejoissons, ayant principalement en nostre mémoire l'estat de nostre conscience, afin de pouruoir au remede et salut de nostre ame enttendant qu'elle est perpetuelle, et ici corps transito..e et mortel. Pour laquelle chose, considerant estre loud de mérites, si en nostre tems faisons et ordonnons tellement au régime et bon gouuernement des hospitaulx, maisons Dieu, maladreryes, et aultres saintz et piteux lieulx qui par nos predecesseurs et aultres, en bonne et saincte foy, ont esté fondez en nostre dict pays à la consolation et substantacion de pauures et miserables personnes, que nous scauons et voyons, de jour en jour, cheoir en ruyne, et les biens, rentes et facultez diceulx en train a mourir par desfauts de bonne prouision, aulcune foy faicte, tant par faueur et priere importune, comme par inaduertance et nonchallance à indiscrettes personnes qui, les biens diceulx lesquels deuuroient exposer et administrer des cures d'aulmosne et de charitez selon l'intention des fondeurs, ont mis et conuertis en contraires usaiges, par quoy y sont les sainctes œuures et piteables aulmosnes, comme mortes et esteintes, contre la bonne deuotion et loable propos des dicts fondeurs et aulmosniers des dicts sainctz et piteux lieulx, qui est chose déplaisante à Dieu et en nostre grand deplaisir et charge de nostre conscience. Nous pensons continuellement a ce, desirant de nostre cœur que aux ditz sainctz et piteux lieulx soit en nostre tems salubrement pouruou, et que doresnauant des biens djceulx soient les pauures et miserables personnes reficiées, reuestues et consolées charitablement, le diuin seruice faict et célébré deuotement, et les œuures de misericorde administrées et employées entierement, selon la bonne disposition des dicts fondeurs, laquelle voulons en ceste partie en : uir en la descharge de nostre consciance et remission de noz pechez, attendant le bon et saige gouuernement en espirituel et temporel que dez longtempz ont eu les Religieux, abbé, et couuent du monastere du glorieux benoist confes Monsieur Sainct Anthoine, de l'ordre de Monsieur Sainct Augustin, en le diocaise de Vienne, et que nous sauons et cognoissons euix, de présent auoir, et esperons en confiance de nostre Seigneur qu'ils auront en temps à venir, et aussy que depuis la deuotion que nous auons especiallement audict glorieux

confes pour les belles et apparentes miracles que nostre dict sieur
Jesus-Christ par les sainctes intercessions d'jcelluy, au chascun jour
démonstrez par tout le monde, et la singulière amour et deuote
affection que nous auons à la dicte Relligion et aux Religieux d'iꞓ olle,
et nostre deuotion ayant eù et encores auons ferme propos de créer,
faire, et de nouuel construire, et auoir en nostre ville de Bar une
commanderie générale de la Relligion du dict Monsieur Sainct Anthoine, esperant fermement que jceulx sainctz lieulx, maisons Dieu,
hospitaulx et maladreryes, seront plus saigement et mieulx profficta-
blement gouuernez et reformez, de leurs rentes, facultez en temporel,
et le diuin seruice, les œuures de hospitalitez, charitez et miséricorde
en jceulx faictz, célébrez et administrez plus salubrement par la dicte
Relligion et les Relligieux djcelle, que par aultres. Scauoir, faisons,
que nous Voulant nostre dicte deuotion, et bon propos, mectre à
exécution d'heue, et auoir son effect de nostre certaine sciance et
franche volontez, et eu sur ce bonne et meure déliberation de Conseil
à l'honneur et louange de Dieu, de la glorieuse Vierge Marie, sa
benoiste mère, et des glorieulx apostres Sainct Pierre et Sainct Paul,
de toute la cour du Paradis et dudict glorieulx confeꞓ Monsieur
Sainct Anthoine auquel auons singulière et espéciale déuotion pour le
salut et remeide des ames de nous, de nos progenitures et nos hoirs et
successeurs. En et pour la fondation, dotation, création, et construction de la dicte commanderie générale aux dicts abbé, Couuent, et
Relligieulx du dict monastère Monsieur Sainct Anthoine, en la personne de nostre amez en Dieu frère Bezancon d'Arbois, Relligieulx
du dict monastère, dey maintenant auons donnez, ceddez, trans-
portez, conférez, et aulmosnez, et par ces présentes ceddons, trans-
portons, et en pure et vraye aulmosne conférons et donnons par
pure déuotion faicte entre les vifz, nostre maison Dieu ou hospital,
séeant au vielz bourg de nostre ville de Bar, et nostre maison Dieu
ou hospital, séeant en nostre ville de Brioy estant à present en nostre
main, et tous les édifices maisons et granges auec tous les heritai-
ges, possessions droictz, cens, rentes, proffictz et émolumens quelsconques appartenant et appendant aux dictes maisons Dieu et hospitaulx,
tant dedans les dictes villes, comme dehors, ensemble tous les hospitaulx, maisons Dieu et maladreryes de nostre pays. Desquelz la donation, crilation et prouission nous en appartient, tant seulement auec
tous les dénomez rentes, reuenuz, droictz, prerogatiues, libertez,
franchises, possessions, censes, proffitz, et émolumentz quelsconques, appartenant et appendant à jceulx, en quelconque manière que
ce soit; exceptey la maison de Popey et ses appartenances, la maison
et la chappelle des malades, séeant deuant le pont de nostre ville de
Sainct Miel et ses appartenances, la cure des quatre chanoines, et
l'office de la Marleryee de nostre hospital et maison Dieu de nostre

citey du Pont, que nous en exceptons et reseruons expressement au
don et collation de nous, de nos hoirs et successeurs, et jceulx maisons Dieu, maladreryes et hospitaulx dessus dictz, et toutes leurs
dictes appartenances et appendances, tenir, joyr, posséder, gouuerner, et exploicter par le dict frere Besancon, lequel de la dicte commanderie faisons et constituons par ces présentes commandeur et
général maistre gouuerneur, toutte sa vie, et après son décey, par la
dicte Relligion et freres du dict Ordre, perpetuellement et à tousjours,
comme chose amortie; et que dez mainctenant, por lors, admortissons
à la dicte Relligion et Ordre Monsieur Sainct Anthoine, pour estre
et demorer jnséparablement à la dicte générale commanderie de nostre
ville de Bar, à laquelle les submectons et annexons et adjoignons sans
en faire diuision, et que à tousjours unis en puissent ne aulcuns
d'eulx estre séparez, ne desunys pour quelconque cause; retenu à
nous, nos hoirs successeurs et ayant cause sur jcelles maisons Dieu,
malladreryes, hospitaulx, et leurs appartenances, la souueraine garde
et justice, les chartres, grosses prouenances, retraicts, prieres, aydes
et subsides, et générallement touttes aultres choses, et que nous et
nos prédécesseurs y auons, et ont eus, et qui nous y peuuent et
doibuent competer et appartenir de nostre droict, comme ducs souue-
rains. Parmy les reigles, poinctz et conditions qui s'ensuyuent : Premiere, voulons et ordonnons que doresnauant la dicte maison Dieu et
hospital de nostre dicte ville de Bar soit dictz, appellez, tenue et ré-
putez générale commanderie de Sainct Anthoine de Bar, à nulle aultre
subjetz que à nostre Sainct Pere, et sans moyens, à l'abbé du dict
monastere présent, et que pour le temps aduenir y seront mis et constituez canoniquement, et selon la reigle du dict ordre, à la charge et
responssion faire d'jcelle de deux marches d'argent, rendre, chaiscun
an, au dict abbé par le commandeur du dict lieu de Bar ou son
depputez, au jour et terme de l'Assention Nostre Seigneur, jusqu'à ce
que l'hospital de Nostre Dame de nostre citey du Pont soit eschue, et
venue par la teneur de nostre dict don à la dicte commanderie de
Bar, et jcelluy hospital tenu et escheu à jcelle par la maniere que
dict est. Voulons et ordonnons que dez lors, en auant le dict commandeur ou son depputez au gouuernement d'jcelle commanderie, à cause
de la dicte responssion, rende et paye, et soit tenu rendre et payer
au dict abbez, chaiscun an, à tousiours, mais, et au dict terme la
somme de quatre marches d'argent, tant seullement sans ce que par
la mort ou translation des dicts commandeurs ou aultrement pour
cause de biens, meubles de la dicte commanderie, ne des commandeurs d'jcelle le dict abbez ny aultres y puisse ou doie aultre chose
demander ou requérir, ni faire prense, tenir ou esiger pour vaccant,
ni aultrement que les dictz deux marches d'argent pour le présent et
après l'assécution du dict hospital du Pont, les quatre marches,

comme dessus est dict réseruez au dict abbez, en cas de mort, les cheuaulx du corps du dict commandeur et ses aultres biens, meubles, comme robbes, joyaulx, vaisselle, liures, et aultres choses ordinaires à l'usuaire de son propre corps, tant seullement. Item que la dicte commanderie de Bar, le dict frère Besancon commandeur d'jcelle dez mainctenant ayt et de faict, mette et teyne continuellement, dez le jourd'huy, en auant le nombre de huit prestres religieux du ditct ordre, pour faire et célébrer au dict lieu le diuin seruice, de quoy les voulons estre tenuz et chargez et de y chanter touttes les heures du jour et de nuict, bien et ordinairement, selon le temps et aux heures ordonnez par les statutz et la reigle du dict ordre en touttes les maisons, hospitaulx et maladreryes, dont le dict commandeur et ses successeurs aprez luy, auront la possession, faire faire et accomplir le diuin seruice, et touttes les hospitalitez et œuures de misericorde qui y seront à faire, et soutenir les charges, tant recepuoir malades et aultres à qui appartient, à faire l'hospitalitez, comme infirmes, malades, lépreux, et autres charges quelsconques dont les dictz maisons Dieu, hospitaulx et maladreryes seront chargez, et aussy seront tenuz de bailler et administrer souffisament aux frères et sœurs séculiers qui présentement sont mis et instituez es dictz lieulx. C'est à sauoir, à chaiscun, en son lieu, leurs prouendes et aultres necessitez que auoir y doibuent, leur vie durante, lesquelz frères et sœurs prouuendiers seront et voulons estre tenuz de y faire le seruice dont y sont chargez, et selon l'ordonnance du dict commandeur, et que jceulx prouuendiers mortz, tout reuiegne et de faict retourne au proffict et à la descharge du dict hospital en qu'il seront trépassez, sans ce que aulcun aultre prouuendier y soit, puisse ou doye estre mis par nous, ny par aultre que par l'ordonnance du dict commandeur : Item que tous les maistres gouuerneurs des maisons Dieu et hospitaulx, et maladreryes, comprises en nostre présent don qui, à présent, par l'institution et le don de nous et de nos predecesseurs y sont mis et depputez à leurs vies ou à nostre voluntez y demeureront et les tiendront et gouuerneront syl leur plaist, selon la forme et teneur des lectres qu'ils en ont sur ce, et aussy tous ceulx qui es dictz lieulx tienent bénéfices par le don de nostre collation tenront jceulx, en faisant le seruice dont ils sont chargez, et les dictz bénéficiers maistres gouuerneurs mortz, le dict lieu et le bénéfice vaccant par la maniere dessus dict, ou par résignation simple ou aultrement dont nous serons patron, le gouuernement d'jceulx reuiegne, et de ce même faict, retourne soit, et demore à la dicte commanderie, comme chose inhérent, jnséparable et appartenant à jcelle et au dict commandeur et frères auxquelz dez mainctenant por lors, en cas dessus dict, les donnons et conférons par ces présentes, par les poincts, resoruations et conditions dessus dictz, pour jceulx tenir, gouuerner et

desseruir sans amourir le nombre des bénéficiers ; mais seront tenuz
les dictz maisons venuez en leurs mains do donner et conférer les dictz
bénéfices à bonnes et jdoines personnes seculières ou religieuses du
dict ordro , pour les desseruir et faire le seruice dont les dictz bénéfices seront chargez jusque le quel temps, c'est assauoir que les dictz
maisons Dieu, malladreryes et hospitaulx seront venuz et escheuz à
la dicte nouuelle commanderie de Bar, et que le commandeur d'jcelle
aura la possession d'jceulx lieulx, comme jls luy escherront tous ensemble ou chaiscun par soy, comme dict est, nous et nos hoirs pour-
rons donner et conférer jceulx bénéfices à qui qu'jl nous plaira. Item,
et quant jl auenra que par la mort ou simple resignation des maistres
et gouuerneurs des dictz maisons, malladreryes et hospitaux dessus
dictz venront et escherront à la dictz commanderie ou au commandeur et frères d'jcelle, nous ou nos hoirs ou commis et non aultres
auront la cognoissance du gouuernement et administration que les
dictz maistres et gouuerneurs qui les auront délaissez, par mort ou
aultrement, comme dessus est dict, y auront faict, et de ce la correction selon le contenu de leurs lectres desquelz retenons à nous et à
nos hoirs l'jnterprétation. Mais si au temps de leur mort auoit aulcune ruyne es dictz maisons Dieu, hospitaulx et malladreryes ou
en aulcune d'jcelles qui fussent suruenues par leur deffault et négligence, au temps de leur gouuernement, le dict commandeur et
son couuent en porront poursuiure et jntenter action deuant nous
ou nos commis contre les hoirs ou ayant cause des dictz maistres et
gouuerneurs d'jceulx lieulx, selon ce que par les lectres appera qué
tenus y soient, et des ruynes qui estoient parauant qu'jl enterissent
en leur dict gouuernement, ne seront tenuz ny leurs hoirs, si par
leur lectre de don et jnstitution n'est contenu que les dictz ruynes
doibuent meetre en estat et réparer en quel cas semblablement auront porront auoir les dictz commandeurs et couuent leur action, et
poursuiuance deuant nous et nos commis contre les hoirs es dictz
Maistres et gouverneurs par la manière que dict est, et pour ce que
de bon gouvernement et loyable administration que Nous sauons
auoir eu, et encore sauons à présent et espérons auoir en son temps
nostre amez et féal conseiller secretaire et chappelain Messire Raoul
de Lucey, de présent maistre et gouverneur de l'hospital Nostre-
Dame de nostre citez de Pont, Voulons, et par ces présentes declai-
rons que touttes lectres precédentes celles sur le cas desdictz ruynes
et aultres choses à luy donnez, soient et demorent en leur vertu, sans
jcelles en aulcune manière estre corrompues, viciéez, enfraintz, ou
innoncées par la teneur de nostre présent don et aulmosno, ne que
ledict Messire Raoul, ses hoirs et ayant cause soient, puissent, ou
doibvent estre par lesditz commandeur et couuent ou aultres, de par
eulx poursuiuis ne contraintz à la réparation d'jcelles ruynes ou ré-

parement des biens et chaptelz dudict hospital, aultrement que selon
la teneur de plusieurs lectres qujl a de Nous, sur ce y soit et pouuoit
estre tenu et obligez. Lesquelz aussy, comme dict est, Volons estre et
demorer en leur valeur, force et vertu, pour et au proffict dudict
Messire Raoul et ses dictz hoirs, selon le contenu djcelles, et afin que
lesditz maisons Dieu, malladreryes et hospitaulx et aultres pieux et
sainctz lieulx compris en nostre présent don soient mieux et plus
dilligement gouuerner, et que le diuin seruice et œuures de charitez
soient faictz et accomplis selon l'jntention des fondeurs djceulx', et
que nostre propos soit entiòrement entretenu et accomply, Volons et
expressement reseruons à Nous pour Nous et nos Successeurs hoirs
Ducs et Seigneurs de Bar que si au gouuernement et administration
on enfrain le diuin seruice et œuures de lhospitalitez desdictz lieulx
ou aulcuns djceulx par la négligence ou deffault dudict commandeur
ou gouuerneur de ladicte commanderie ou des depputez es dictz lieulx
auoit aulcun deffault, et dedans quarante jours aprez ce que par
Nous et nos commis et officiers ledict commandeur ou son depputey
seroit aduisez, et sur ce requis ne auront ledict deffault reparez et
tout mis en bonne ordonnance, Nous, à la dicte réparation faire et
négligence refaire et mettre en bon et beau estat, les puissions contraindre et faire contraindre par l'arrest et détention du temporel et
des biens meubles et chaptelz de ladicte commanderie, et de tous les
aultres lieulx jusques lesdictz négligences soient amendez, et lesdictz
deffautz réparez et mis en bon et dheu estat, nonobstant priuilaiges
quelsconques que ledict ordre ayt en un temps auenir pourroit auoir
ou obtenir de quelconque personne au contraire, touttes lesquelz
choses et chaiscunes djcelles à ce quelz soient fermes et stables à
tousiours, Nous pour Nous et nos dictz hoirs et successeurs auons
promis et promettons loyablement en bonne foy tenir et faire tenir
enterimer et accomplir de poinct en poinct sans enfraindre en aulcune manière, supliant à nostre Sainct Pere le Pape et aux aultres
prélatz de Saincte Esglise auxquelz lesdictz maisons Dieu, malladreryes et hospitaux pourroient estre subjetz en faict de spirituel , et
aussy à l'abbez , et couuent dudict monastère Monsieur Saint Anthoine, Prions, requerons que nostre présent don et aulmosne selon
la teneur des termes dessus dictz voulloir en contemplation de nostre
Charitez Loer, gréer et confirmer. En tesmoing de ce, Nous auons
faict mettre nostre grand Scel à ces presentes lectres, sauf en aultres
choses nostre droict et l'aultruy en touttes qui furent faictes et donnez à Bar, l'an de grace Nostre Seigneur mil trois cens quatre vingt
et cinq , le *vingt sixiesme jour du mois de juing*. Et plus bas est
escript par Monseigneur le duc en son conseil , signez Clarin auec
paraphe et Scelées sur laps de soye jausne et bleud d'ung grand Scel
de cire verd , auquel est empreint d'ung costel l'effigie d'ung cheual

et ung homme dessus, tenant ung écusson en l'une des mains et de l'aultre costel ung écusson semé de croix auec deux poissons.

Copie faicte à Troyes, le 7 fevrier 1592, par Nicolle Guichart, prevost de Troyes, et garde Scel de la prevosté; Id. à Nancy, le 19 avril 1738, par Maillard, garde du tresor des chartes de la Lorraine et du Barrois. »

Note I.

« Je Thiebaut, cuens de Bar, faict cognoissant a tous que Jai donez par Deu en aulmosne en remission de mez pechez et de mez ancetres imuablement et a tousiours aux pauures de la maison Deu de Bar leur usaige au mort bois de mon Jurez de Bar, à deux asnes, ce que ly dictes asnes en pourront chacun rapporter, et pour que ce soit chose ferme et stable ji ay mis mon sael en ces présentes lesquy furent faictes l'an mil deux cents et soixante-six au mois de mars. »

Copie conforme, etc., comme les précédentes.

Note J.

« ...., par lequel octroy obstant les guerres et diuisions qui ont eu cours en nostre duché de Bar et aussy que l'on a accoustume de faire porter bois par les asnes audict hospital, et que la pluspart du tems les commandeurs dud. hospital nont resceu sur le lieu led. don et octroy, leur a esté de peu de profict, et n'en nont les pauures dicelluy hospital jouy, à laquelle cause a led. commandeur supliey et requis que led. don a esté faict pour la substantacion et entretenement des pauures....... »

« René, roy de Jerusalem, de Sicile, d'Aragon, de l'isle de Sicile, Valence, Maillorque, Sardaigne, et Corse, duc d'Anjou, de Bar, comte de Barcelone, Prouence, Forcalquier, et de Piemont, à la priere du commandeur et administrateur de l'hospital et maison Deu de la ville de Bar, confirme le don faict en l'an 1276, au mois de mars par Thiebaut cuens de Bar aux pauures de la maison Deu de Bar de leur usuaire au mort bois de son Jurei de Bar a deux asnes tant qu'ilz en peuuent aporter chascun jour, et d'abondant a octroiez que doresnavant par assignation de ses gruyer et clerc jurei de sa gruerie de Bar, lesdicts commandeurs et administrateur de ladite maison Dieu ayent leurs affouaige au mort bois aud. Jurei de Bar pour les pauures dud. hospital, à une charrette a deux chevaulx sans pour ce luy paier ny a ses successeurs cuens de Bar aulcune chose, et Ce par lectres donnéez en Sa cité de Marseille, le six avril 1480. »

Vidimus passée sous le sael de Bar du vingt-troisième juillet 1522.

Copie conforme, etc., comme les précédentes.

Note K.

Jeanne de Bar, comtesse de Garenne, Mainbour, et gouverneresse de la comté de Bar, permet à Jeannette, bourgeoise de Bar, fille de Gerondet, de donner à la maison Deu de Bar ou autre esglise qui mieux luy plaira, en la ville de Bar, la quarte partie du four de la noueuille de Bar quelle a receu en fief d'elle par et au nom de son neueu Robert, comte de Bar, par lectres du jeudy deuant Noel 1353. Ensuite desquelles ladicte Jeannette donne aux maistres prebendiers de lad. maison Deu de Bar, la quarte partie dud. four, et ses appartenances seis au lieu qu'on dict le prei Deu, à charge qu'ils recoueront en prebendier et en freire, Thyriot de Longeuille, qu'ils feront faire prestre et seruir entierement à la dicte maison, comme les aultres, lequel durant sa vie sera tenu de dire, par chascune sepmaine, trois messes pour le salut de son ame et de ses prédecesseurs à l'autel de Saint-Nicolas, en l'esglise Saint-Denis, deuant lequel elle doibt gesir après son décòy, et, après le décòy dud. Thyriot, lesd. maistres et prébendiers seront tenus de faire chanter lesdit. trois messes aud. autel à perpetuité. Ce que messire Simon de Fou, chanoine de Toul et de Bar, maistre et administrateur de lad. maison Deu, Messire Paul, chanoine de Longuyon, Hue de Vigneulles, Gérard, curé de Recicourt, Jean de Marles, tous prestres. Jean de Monplone, et Jean, dict Blanche-Coste, tous prébendiers de lad. maison, promettent, et ce, par contract passé à Bar, le dimanche apres l'aparition de Nostre Seigneur 1353.

Copie conforme, etc., comme la précédente.

Note L.

« Henry par la grace de Dieu Roy de France à nos amez et féaulx les gens de nostre grand conseil salut et déliction, Nostre très-cher et amé cousin, le comte de Vauldemont, tuteur de nostre très cher et très amé fils, et cousin le duc de Lorraine et de Bar, nous a faict dire et remonstrer que nostre dict fils et cousin tant par lui que ses prédécesseurs, ducs de Lorraine et de Bar, est fondateur et dotateur de l'hospital et commanderie de St Anthoine de Bar, et que en iceluy nostre dict fils et ses prédécesseurs ducs ont de longs temps et depuis la fondation des dicts hospital et commanderie, et, suiuant icelle accoustume, de mestre et instituer un maistre ministre et gouuerneur pour iceluy régir et gouuerner, et faire dire et célébrer le service diuin, et ministrer les pauures selon le vouloir et intention desdicts fondateurs, et qu'ils ont par la dicte fondation expressément réserué et retenu à eux et leurs officiers audict Bar la réuocation et réformation du dict maistre ministre et gouuerneur, cognoissance et correction

des abus, maluersations faictes et commis en iceluy, et que pour les
abus et maluersations qui se sont commis et comettent ordinairement
par frère Jean de Gyon maistre, ministre et gouuernour des dicts
hospital et commanderie du dict Bar et autres ses entremetteurs, les
habitants du dict Bar se seroient plusieurs fois complaincts aux
officiers de nostre dict fils et cousin au dict lieu de Bar, pour lesquels
le procureur de nostre dict fils auroit obtenu commission du Bailly de
Bar pour informer diceux abus et maluersations du dict Gyon, et, cependant, faict saisir le reuenu du dict hospital et commanderie, et que
combien que les Editz faicts, tant par nous que nos prédécesseurs
Roys, sur la réformation de nostre Justice et des hospitaux de nostre
Royaume, n'ayent pas cideuant eu lieu sur la Juridiction ordinaire de
nostre dict fils au dict Bar ou hospitaux de la fondation d'iceluy et ses
prédécesseurs, et que au moyen d'iceux la dicte juridiction ait esté
anciennement altérée de son ancienne institution et création ou em-
peschée en sa cognoissance de toutes choses mesmo des hospitaux de
la dicte fondation et ses prédécesseurs toutefois sous couleur que par
aucuns nos Edits nous vous auons attribué la cognoissance et réformation des hospitaux de nostre dicte Royaume. Le dict frère Jean de
Gyon pour euiter que la correction des abus et maluersations par luy
et ses entremetteurs commis en iceluy hospital et commanderie de
Bar en soit faicte par le dict Bailly de Bar leur juge naturel et pour
égarer la matière auroit de l'octroy de la dicte commission du dict
Bailly, et de tout ce qui sen est ensuiuy et releué par deuant vous, et
sous ombre de ce, Le dict Exposant au dict nom doubte que voulis-
siez par moyen prendre cognoissance de la réformation du dict hospital et autres fondés par iceluy nostre dict fils et ses prédecesseurs
qui seront totalement exclure et priuer nostre dict fils de ses droicts
et authorité, et son dict Bailly et lieutenant de Bar de la cognoissance qu'il a et doit auoir sur lesdicts hospital et commanderie qui
n'est de fondation Royale, contre et au très grand préjudice des
droicts prerogatiues et prééminences patrimoniales de nostre dict fils
et cousin, pour lequel ledict comte de Vauldemont nous a supplié et
requis luy vouloir pouruoir de nos vouloirs et intentions.

Pour, ce est-il que nous, ces choses considérées n'ayant en moindre
recommandation les affaires de notre dict fils et cousin que les nos-
tres propres, bien records, mémoratifs des fondements et intentions de
nostre dict Edict fait sur la réformation des hospitaux de nostre dict
Royaume, aduons par l'aduis et délibération des gens de nostre conseil
priué mis et mettons la dicte appellation au néant, sans que les parties
puissent plus icelle poursuiure par deuant vous en aucune manière, et
par mesme moyen dict et déclaré, et de nostre certaine science, plaine
puissance et authorité Royalle, disons et déclarons par ces présentes
que par iceluy nostre Edict Nous n'auons entendu, comme encore

n'entendons auoir compris les hospitaux et commanderies qui sont de la fondation de nostre dict fils, ne par le moyen d'iceluy, auoir encrué, rélipsé, ne osté les jurisdictions et cognoissances que le dict Bailly de Bar ou son lieutenant a accoustumé d'auoir quant aux dicts hospitaux et commanderies qui sont de la fondation sus dicte, ne par conséquent autrement, ni aucunement préjudicier aux droicts et authorité de nostre dict fils et cousin, mais au contraire voulons et nous plaist que à celuy Bailly de Bar ou son lieutenant demeure la premiere cognoissance et réformation desdicts hospitaux et commanderies telles qu'il auoit auparauant nostre Edict, sans que desdicts hospitaux et commanderies fondés par nostre dict fils et ses prédécesseurs, vous puistre prétendre ny prendre cognoissance par le moyen d'iceluy nostre Edict, soit en premiere instance, ou par appel. Laquelle cognoissance nous vous auons interdit et defendu, interdisons et defendons par ces dictes présentes, fait et faisons desfence au dict sieur de Gyon, et à tous autres qu'il appartiendra de n'en faire poursuite par deuant vous. Si vous Mandons et très-expressément enjoignons par ces présentes que de nos présentes déclarations, vouloir et intention, et de tout le contenu en icelles vous fassiez jouir et user nostre dict fils et cousin, les dicts officiers et sujets plainement et paisiblement sans en ce leur faire ou souffrir, estre faict aucun destourbier et empêchement, au contraire. Lequel si faict, mis ou donné leur auoit esté ou estoit le mettié ou faictes mettre incontinant et sans delay à plaine et entière deliurance, et au premier estat et d'eu. Mandons en outre au premier nostre huissier ou sergent, sur ce requis, vous présenter et signifier les dicts présentes, ensemble au dict Gyon, et à tous autres qu'il appartiendra, à ce qu'ils n'en prétendent cause d'ignorance, en leur faisant expresse inhibition et desfence de par Nous sur certaines et grandes peines à Nous à appliquer de naitempter ou inuouer contre, et au préjudice de nostre dicte présente déclaration, vouloir et intention. Car ainsy nous plaist-il estre faict nonobstant le dict Edict auquel en tant que Mettier est ou seroit, quant à ce et à la dérogation de la dérogatoire d'iceluy auons dérogé et dérogeons par ces dictes présentes et quelconques ordonnances, restrictions, mandemens, desfences et lettres à ce contraire........

Donné à St Germain en Lay, le dix-huictiesme jour de May, de l'an de grace mil cinq cens cinquante trois et de nostre regne le septième.

Copie extraite d'un registre de la Chambre des Comptes, le 27 février 1725. »

NOTE M.

Henry par la grace de Dieu, Roi de France, au premier notre huissier ou sergent sur ce que est requis salut, comme par nos lettres

de déclaration du dix-huitième de May dernier, faites pour le regard
des hospitaux et commanderies qui sont de la fondation de nostre
cher fils et cousin, le duc de Lorraine et de Bar, et ses predecesseurs
desquelles le vidimus est cy attaché sous le contre scel de nostre
chancellerie, nous eussions interdit et défendu la cognoissance et
réformation des abus et maluersations faits en l'hospital et commanderie de Sainct Anthoine de Bar, étant de la fondation de nostre dit
filz et prédecesseurs, à nos amez et féaux consceillers les gens de nostre
grand conseil, ensemble fait deffenses à frère Jean de Gyon, maistre,
ministre et gouuerneur du dict hospital et commanderie du dict Bar,
et à ses entremetteurs d'en faire aucune poursuite par deuant les
dicts gens de nostre grand conseil, comme à plain est contenu es
dictes lettres de declaration, néanmoins ledict de Gyon non contant
nous auroit présenté requeste, et à nostre privé conseil, le quatrième
jour de Septembre dernier, afin de faire renuoi de la cognoissance et
matière du dit hospital et commanderie de Bar, au dit grand conseil
ou à nostre cour du Parlement à Paris, nonobstant nos dites lettres,
et pour répondre sur icelles et inualuer nostre dit fils en procès, auroit
fait appeler nostre cousin le comte de Vauldemont, son tuteur, par
deuant nous et les gens de nostre dit conseil priué, au quatrième jour
de ce présent mois d'Octobre. Nous à ces causes, après auoir fait voir
en nostre conseil priué nos dites lettres de déclaration, requeste, et
commission du dict de Gyon, et autres pièces cy attachées, sous
nostre dit contro scel, Ensemble la remontrance qui nous a été faite
de la part de nostre dit fils et cousin ou son tuteur, Auons par l'auis
et délibération des gens de nostre dit conseil priué dit et ordonné, de
nostre certaine science, grace spéciale, pleine puissance, et authorité
Royale, disons et ordonnons, voulons et nous plaist, que sans auoir
egard à la dicte requeste du quatrième Septembre présentée par le
dict frère de Gyon nos dictes lettres de déclaration du dix-huictième
May dernier, sortent leur plain et entier effect, selon leur forme et
teneur, et autant que mestier est ou seroit, auons faict et faisons de
nouuelles desfenses à nos dicts consceilliers, les gens de nostre grand
conseil et à tous autres juges et commissaires quelconques de prendre
aucune cour, jurisdiction, cognoissance de la dicte cause et matière
du dict hospital et commanderie du dict Bar, et au dict de Gyon de
n'en faire poursuite ailleurs que par deuant les officiers de nostre dict
cousin, au dict Bar, sous peine de nullité de procédures. Lesquelles
inhibitions et deffenses voulons par toy estre signifiées tant aux dicts
gens de nostre grand conseil que au dict de Gyon et autres qu'il appartiendra, et dont sera requis à ce qu'il n'en prétendent cause
d'ignorance, de ce faire, t'auons donné et donnons pouuoir, commission, et mandement spécial, par ces présentes. Mandons et comman-
dons à tous nos Justiciers officiers et subjects que à toy, en ce faisant

soit obey sans pour ce demander ny requérir aucun visa ny pareatis.
Car ainsy nous plaist-il estre faict, nonobstant la dicte requeste et
commission sur celle obtenue par le dict de Gyon et quelconques
autres lettres impétrées ou a impétrer au contraire.

Donné à Villier Cotterez, le vingt-cinquième jour d'octobre l'an de
grace mil cinq cens cinquante-trois, et de nostre règne le septième.

Copie extraite d'un registre de la Chambre des Comptes, le 2 mars
1746. »

Note N.

« Noble homme, maistre Rigaut de Gyon, prothonotaire du Saint
Siège apostolique, à présent demeurant à Paris, et natif au pays
d'Auuergne, diocèse de Saint-Flour, au nom et comme soi disant procureur et soy faisant et portant fort de Jean de Gyon, son frère,
commandeur et precepteur de la commanderie de St Anthoine de la
ville de Bar, en Barrois, confesse que à tort et sans cause il a, ou procureur pour luy, denié subir juridiction par deuant les juges de Bar
ordinaires du dict commandeur, et mal appelé par deuant les juges
tenans le grand conseil et les droits qui appartiennent à Monsieur de
Lorraine, au moyen de quoy il s'est désisté et départy, et par ces
présentes se désiste et départe de toutes les poursuites et procédures
qui ont esté faites, tant audit grand conseil priué du Roy, à la requeste du dit frère Jean de Gyon, ou procureur pour luy, lequel procureur le dit maistre Rigault de Gyon, au dit nom, a désauoué et
désauoue à l'encontre du procureur de Mr le duc de Lorraine, en son
baillage de Bar, pour raison de la saisie, dépouille et du revenu de ladite commanderie, titres en enseignemens d'icelle, et à icelle a renoncé
et renonce et même à l'apel interjetté par le dit frère Jean de Gyon,
ou procureur pour luy de ladite saisie, lequel procureur, le dit maistre
Rigaut de Gyon a encore désauoué et désauoue cette présent désiste-
ment et renonciation faits au profit du dit sieur duc de Lorraine,
absent, les notaires soussignés stipulans et acceptans pour iceluy
Sr duc de Lorraine, et si s'est led. maistre Rigaut de Gyon, au dit
nom, et par ces présentes se submet pour le regard de la dite commanderie, suiuant la dite fondation à toute cour, correction, cognoissance, et juridiction, dud. Sr duc de Bar, comme à son seigneur
et prince, et pour ce que le plaisir et vouloir dud. maistre Rigaut de
Gyon, au dit nom, est de ainsy faire, et promet iceluy maistre Rigaut de Gyon faire ratifier, et auoir pour agréable le contenu en ces
présentes par le dit frère Jean de Gyon, son frère, dedans quatre
mois prochainement venant. Promet et oblige, et renonçant, et fait
et passé l'an mil cinq cens cinquante quatre le mercredy troisième
jour de feburier.

Copie extraite d'un registre de la Chambre des Comptes, le 2 mars 1746. »

Note O.

« Louis, par la grace de Dieu Roy de France et de Nauarre à tous présens et auenir salut, nos chers et bien amez les administrateurs de l'hospital des pauures malades de la ville de Bar-le-Duc, nous ont fait remonstrer que sur les aduis de nos amez et féaux, le sieur Euesque et comte de Toul, et le sieur Desmaret de Vaubourg, nostre consoillier, en nos conseils, maistre des Requestes ordinaires de nostre hostel, Intendant commissaire par nous, départy en Lorraine sur l'employ a faire au profict des pauures des biens et reuenus des lèproseries, maladreries et autres lieux pieux y mentionnés, du diocaise de Toul, en exécution de nos édits et déclarations des mois de mars, auril et aoust 1693; arrest auroit esté rendu le dix-sept juin 1695, sur la requeste du doyen chanoine et chapitre de l'esglise de St Maxe de Bar-le-Duc, de l'aduis des sieurs commissaires députez par Sa Majesté, pour l'exécution desd. édits et déclarations, par les quels led. doyen chanoine et chapitre auoient esté maintenus et gardés en la possession et jouissance de la maladrerie ou metairie, dite Popay, scise près la ville de Bar-le-Duc, et des biens et reuenus en despandans, à sa charge d'entretenir quatre enfans de chœur, et un maistre de musique en lad. esglise, d'acquitter le seruice diuin dont ils seroient tenus et chargés, à cause de lad. maladrerie ou metairie, et de payer, par chascun an, la somme de cent liures au profict de l'hospital auquel l'application en seroit faite par Sa Majesté suiuant led. édit et déclaration des mois de mars, auril et aoust 1693, moyennant quoy ils demeureroient deschargez de loger et nourrir les pauures lépreux, seroit interuenu un arest en notre conseil, en exécution diceux édit et déclaration, le onzième jour de May 1696, par lequel nous auons uny au dit hospital des pauures malades de la ville de Bar-le-Duc les biens et reuenus des hospitaux de Louppy le Chasteau et de Longeuille, un gaignage seituez à Seigneul, dépendant de l'hospital de Bouconuille, et cent liures de redeuances annuelles dont sont chargez les doyen, chanoines et chapitre de l'esglise de St Maxe de la dite ville de Bar-le-Duc, à cause de la maladrerie ou metairie, dite Popay, scise près la dite ville, suiuant led. arest du dix-sept juin 1695, pour jouir par led. hospital des biens et reuenus unis, à commencer du premier Juillet 1695, et estre lesd. reuenus employez à la nourriture et entretient des pauures dud. hospital de Bar-le-Duc, à la charge de satisfaire aux prières et seruices de fondation dont peuuent estre tenus lesd. hospitaux de Louppy le Chasteau et Longeuille, et le dit gaignage de Seigneul, et de receuoir les pauures malades des lieux et paroisses où ils sont seituez, à proportion de leurs reuenus, et en conséquence

aurions ordonné que les titres et papiers concernant lesd. hospitaux
de Louppy le Chasteau, Longeuille, biens et reuenus en despendans,
et le dit gaignage, qui peuuent estre en la possession de Jean-Baptiste Macé, cy deuant greffier de la chambre Royalle aux archiues de
l'ordre de St Lazare, et entre les mains des commis et préposez par
le sieur Intendant et commissaire departy en Lorraine, mesme en
celles des cheualiers dud. ordre, leurs agens, commis et fermiers, à
ceux qui jouissent desd. biens et reuenus auant nostre édit du mois de
Mars 1693, seroient baillez et déliurez aux administrateurs'dud. hospital de Bar-le-Duc; à ce faire les dépositaires contraincts par toutes
voyes; ce faisant ils en demeureront bien et valablement deschargez,
et que pour l'exécution dud. arest, toutes lettres nécessaires leur seroient expédiez, lesquels lesd. administrateurs nous ont très-humblement fait supplier leur vouloir accorder. A ces causes, désirant fauo-
rablement traiter lesd. exposans, après auoir fait voir en notre conseil
led. arest dud. jour, onze May 1696, dont l'extrait est cy attaché soub
le contre scel de nostre chancellerie, Nous, conformément à iceluy,
en exécution de nos dits édits et déclarations auons, par ces présentes
signées de nostre main, uny et unissons à l'hospital des pauures malades de la ville de Bar-le-Duc les biens et reuenus des hospitaux de
Louppy le Chasteau et de Longeuille, un gaignage scituez à Seigneul,
despendant de l'hospital de Bouconuille, et cent liures de redeuances
annuelles dont sont chargez les doyen chanoines et chapitre de l'e-
glise de St Maxe de lad. ville de Bar-le-Duc, desd. biens et reuenus
uny, à commencer du premier Juillet 1695, et estre lesd. reuenus
employez à la nourriture et entretient des pauures malades dud. hospital de Bar-le-Duc, à la charge de satisfaire aux prières et seruices
de fondation dont peuuent estre tenus lesd. hospitaux de Louppy le
Chasteau et Longeuille, et led. gaignage, et de receuoir les pauures
malades des lieux et paroisses où ils sont scituez, à proportion de leurs
reuenus, et en conséquence ordonnons que les titres et papiers concernant lesd. hospitaux de Louppy le Chasteau et Longeuille biens et
reuenus en despendans, et led. gaignage, qui peuuent estre en la
possession de Jean-Baptiste Macé cy deuant greffier etc......... seront
baillez et déliurez aux administrateurs dud. hospital de Bar-le-Duc, en
faire les despositaires contraincts par toutes voyes, faisant, ils en
demeureront bien et valablement deschargez. Sy donnans en mandement à nos amez et féaux conseilliers gens tenans nostre cour de parlement à Paris, que ces présentes ils fassent registrer, et du contenu
en icelles jouir et user lesd. exposans et leurs successeurs aud. hospital
de Bar-le-Duc, pleinement paisiblement et perpetuellement. Cessant et
faisant cesser tous troubles et empechemens contraire. Car tel est
nostre plaisir, et afin que ce soit chose ferme et estable à toujours
nous auons fait mettre nostre scel à ces présentes.

» Donné à Versailles, au mois de Décembre 1696, et de nostre règne, le cinquante-quatre. Signé Louis. »

NOTE P.

« Ce jourdhui treizième Aoust mil sept cents seize, en la maison de Charité Saint Charles de Nancy, par deuant le tabellion général résidant à Nancy soubsigné, et en présence des temoins cy bas nommés comparurent en personnes Messire Francois Vyart, cheuallier, seigneur de Tronuille, conseillier d'Estat de S. A. R., et son procureur général pour le duché de Bar, au nom de la Chambre du conseil et des comptes dud. duché, en exécution de l'arrêt du 28 May dernier, dont copie est jointe aux précédentes, d'une part, et Messire Joseph Charles prestre, curé de la paroisse Saint Sébastien, en qualité de supérieur de la ditte maison et de la Charité Saint Charles, sœur Barbe Barthelemy supérieure de la ditte maison, et sœur Barbe Plaisance assistante, d'autre part. Lequel sieur Charles et les dittes sœurs Barbe Barthelemy et Plaisance, de l'agrément et mandement de Monseigneur Illustrissime et Révérendissime Euesque de Toul, par la missiue du mois de Juin dernier, adressée aud. sieur Charles, désirant témoigner leur soumission enuers mond. Seigneur l'Euesque, et contribuer au soulagement des pauures, suiuant leur institut, ont conuenu et se sont obligés d'auoir incessamment et dans un délai d'un mois en la ville de Bar deux de leurs sœurs pour, sous la direction et authorité, quant au temporel seulement, de lad. chambre des Comptes de Bar, directeur et administrateur de l'hospital de la dit. ville, des biens et reuenus en dépendants, gouuerner et conduire ledit hospital, soigner et soulager les pauures dicelluy, et toutes personnes logées aud. hospital, aux conditions suiuantes : scauoir que le nombre de deux sœurs n'estant point suffisant, l'une des deux pouuant tomber malade, elles enuoirroient une troisième dans un an, que lad. Chambre delad. qualité fournira à la despence des voiages et de l'établissement desd. trois sœurs, lesquelles seront logées dans led. hospital, auront chascune un lit et les ameublements nécessaires, seront nourries sur le reuenu et aux frais dud. hospital, qu'il sera payé a chascune desd. sœurs qui seront enuoiées la somme de cinquante livres annuellement pour leur entretien, payable, par moitié de six mois à autre, par le recoueur des reuenus dud. hospital, sur le mandement de lad. Chambre qui sera donné une fois pour tousjours ; que les sœurs reconnoistront à tousjours pour leur supérieure légitime la supérieure de lad. maison de la Charité Saint Charles de Nancy, sans qu'elles puissent se soustraire de l'obéissance qu'elles lui ont voué, en outre, seront néantmoins soumises à lad. Chambre pour le temporel seullement dud. hospital, et demeureront tousjours sou-

mises pour leur conduitte spirituelle, de leurs mœurs à leur supérieure
et à mond. seigneur Euesque de Toul, qu'il sera loisible aux supérieure et sœurs de lad. maison de Saint Charles de rappeler et changer pour cause légitime, dont cependant elles ne rendront compte à
personne qu au seigneur Euesque de Toul, celles qui auront ainsi esté
données aud. hospital de Bar, et d'en substituer d'autres qui soient
suffisamment capables; qu'en cas que quelque sœur soit rappelée par
ce qu'elle ne conviendroit pas à lad. chambre des Comptes, lad.
chambre sera chargée de payer son voiage, que quand l'une desd.
sœurs sera morte dans led. hospital, et qu'une autre ira pour la
remplacer, lad. Chambre payra les frais de voiage, mais quand cela
arrivera pour le bien de la communauté des dittes sœurs, en général,
la Chambre ne sera chargée des frais du voiage. Que lesd. sœurs ne
seront obligées de soulager les femmes pauures, ou non, dans leur
accouchement, s'il s'en trouue dans led. hospital, qu'elles ne seront
tenues du soing des personnes riches, ny du soing de leurs serviteurs
et domestiques, non plus que des Ecclésiastiques, s'ils ne sont
pauures, auquel cas de nécessité les sœurs n'iront jamais seules en
leur maison, et ne se melleront en aucune manière de leur mesnage et
de leurs affaires; que lesd. sœurs ne pourront acquérir en leur nom
particulier, et pour elles non plus que pour la maison de St Charles,
et que tout ce qui pourra leur estre donné en quelle sorte et manière,
puisse estre par Charité, tournera au profit dud. hospital. Promet
led. sieur Vyart pour plus grande seureté de l'exécution du présent
traité de le faire aggréer par lad. Chambre des Comptes de Bar, et
d'en enuoier une expédition en forme pour demeurer joincte à la mi-
nutte des présentes. Fait et passé aud. Nancy, les an et jour susd. en
présence du sieur Charles Bayard, docteur en médecine à Nancy, de
Sébastien Nicolas, maistre cordonnier, et de Henry Estienne, tailleur
de pierre et bourgeois dud. Nancy, témoins requis qui ont signé auec
lesd. sieurs Charles et Vyart et lesd. sœurs. »

NOTE Q.

« Traité passé, le 4 août 1840, par la Commission administrative
de l'hospice de Bar et approuvé, le 17 du même mois par la congrégation des sœurs de Saint-Charles de Nancy.

ART. 1. Les sœurs sont chargées, au nombre de huit, du service
intérieur de l'hospice de Bar-le-Duc. Celle qui sera supérieure rendra
tous les mois compte des sommes qui peuvent lui être confiées pour
menues dépenses, mais non de la somme qu'elle recevra pour son
entretien et celui de ses compagnes.

Les sœurs que le bureau de bienfaisance de la ville pourrait demander pour son service à domicile, et qu'il obtiendra par suite de

traité qu'il aura fait avec la même congrégation, pourront être reçues à l'hospice à la charge, par le dit bureau, de payer au dit hospice la pension qui sera convenue entre ces établissements, avec en outre l'indemnité de vestiaire que le dit bureau paierait à ses sœurs.

ART. 2. Le nombre de ces sœurs ne pourra être augmenté sans une autorisation spéciale du Ministre de l'Intérieur. Toutefois, dans des cas d'urgence, tels, par exemple, que la maladie d'une des sœurs qui la mettrait hors d'état de continuer son service, la supérieure générale pourra, sur la demande de la commission administrative, envoyer provisoirement une autre sœur pour la remplacer, sauf à la commission administrative à en informer immédiatement le Préfet, qui devra en référer au Ministre.

ART. 3. Les sœurs hospitalières seront placées, quant aux rapports temporels, sous l'autorité de la commission administrative, et tenues de se conformer aux lois, décrets, ordonnances et réglements qui régissent l'administration hospitalière.

ART. 4. Elles seront toujours soumises au supérieur ecclésiastique de la congrégation ainsi qu'à la supérieure générale.

ART. 5. La sœur supérieure aura la surveillance sur tout ce qui se fera dans l'hospice pour le bon ordre. Elle sera chargée des clefs de la maison et veillera à ce que les portes soient fermées à la nuit tombante; et ne soient ouvertes que quand il fera jour, sauf les besoins du service.

ART. 6. Il sera fourni un logement séparé aux sœurs à proximité du service. Elles seront meublées convenablement, nourries, blanchies, chauffées et éclairées aux frais de l'hospice qui leur fournira aussi le gros linge; comme draps, tayes d'oreiller, nappes, serviettes, essuie-mains, torchons et tabliers de travail. Il sera dressé à l'entrée des sœurs un inventaire du mobilier qui leur sera donné, et il sera procédé, chaque année, au récollement de cet inventaire.

ART. 7. L'administration de l'hospice paiera, chaque année, pour l'entretien et le vestiaire de chaque sœur, une somme de cent francs, payable par trimestre.

ART. 8. La supérieure générale pourra changer et rappeler quand elle le jugera à propos les sœurs qu'elle aura envoyées. Dans ce cas elle sera tenue de les remplacer par d'autres sœurs, et les frais du voyage seront à la charge de la congrégation. S'il arrive des changements faits, sur la demande de la commission, les frais seront à la charge de l'administration charitable.

ART. 9. L'hospice sera tenu de payer les frais du premier voyage, il en sera de même du remplacement d'une sœur par décès ou lors de l'admission de nouvelles sœurs en sus du nombre fixé par le présent traité. Dans le dernier cas, les sœurs admises le seront aux mêmes conditions que les premières.

ART. 10. Les domestiques, ouvriers et infirmiers seront payés par l'administration qui en fera le choix avec la supérieure. L'intérieur de l'hospice étant confié à cette dernière, elle doit veiller à leur conduite sous le rapport de l'ordre et du travail. Le commandement lui est réservé ou à celle qui la remplacera. Toutefois, les domestiques et infirmiers ne pourront pas être renvoyés sans le consentement de l'administration.

ART. 11. Lorsque l'âge ou les infirmités mettront une sœur hors d'état de continuer son service, elle pourra être conservée dans l'hospice et y être nourrie, éclairée, chauffée, blanchie et fournie de gros linge, pourvu qu'elle compte au moins dix ans de service dans cet établissement ou dans d'autres établissements charitables, mais elle ne pourra pas recevoir le traitement de celles qui sont en activité. Les sœurs infirmes seront remplacées par d'autres hospitalières aux mêmes conditions que les premières.

ART. 12. Les sœurs ne soigneront point les femmes ou filles de mauvaise vie, ni les personnes atteintes du mal qui en procède. Elles ne soigneront pas non plus les personnes riches ni les femmes dans leur accouchement. Elles ne veilleront aucun malade en ville, de quelque sexe, état, ou condition qu'il soit.

ART. 13. L'aumônier ou chapelain de la maison vivra séparé des sœurs, ne prendra pas les repas avec elles, et n'aura aucune inspection sur leur conduite.

ART. 14. Quand une sœur décédera, elle sera enterrée aux frais de l'administration, et l'on fera célébrer, pour le repos de son âme, une grande messe et deux basses.

ART. 15. Dans le cas de la retraite volontaire de la communauté ou de son remplacement par une autre congrégation, la supérieure générale ou la commission administrative de l'hospice devra prévenir l'autre partie, et s'entendre sur l'époque de la sortie des sœurs de l'établissement. Cette sortie aura lieu quatre mois au plus après la notification faite par celle des parties qui voudra résilier le traité. »

NOTE R.

« Au nom de la très-Sainte Trinité, du Père, du Fils, et du Saint-Esprit.

ART. 1. Quand un pauvre voudra entrer dans l'hospital de cette ville, il lui sera faict lecture du présent règlement auquel il sera tenu de s'y conformer, et de se soumettre aux règles qui luy seront prescrites.

ART. 2. Lorsqu'il sera admis aud. hospital, il sera tenu de viure en paix et union auec ses ressources, et pour se disposer de bien viure il sera tenu d'une confession générale et de s'approcher des sacre-

ments en entrant, de se confesser et approcher des mêmes sacre-
ments tous les mois, de même que tous les autres associés, afin
d'obtenir du Seigneur les secours dont ils ont besoing , que sy quelqu'un manquoit d'y satisfaire, la sœur pourra aduertir, pour une
première fois le recoueur ou directeur pour faire rentrer le desfail-
lant dans son seruice, pour en cas de récidiue estre mis en prison,
au pain et à l'eau, et pour une troisième fois chassé dud. hospital.

ART. 3. Tous les pauures seront soumis aux ordres quy leur seront
donnés par les sœurs dud. hospital, et leur obéiront en tout ce
qu'elles leur commanderont sans aucune réplique ny répartie de leur
part, à peyne de pénitence qui leur sera imputée par une desd. sœurs
lors de leur repas et en publique.

ART. 4. Aulcun des pauures ne pourra sortir en aulcun temps dud.
hospital sans la permission expresse d'une des sœurs à peyne de priuation de leur portion, et d'une pénitence publique, pour la première fois, de plus grandes peynes, pour la seconde, et pour la
troisième, d'estre expulsé dud. hospital. A l'effest de quoy les directeurs seront auertis de leurs désobéissances.

ART. 5. Quand un pauure entrera dans led. hospital, il mettra
entre les mains des sœurs tous les effets et meubles qu'il pourra
auoir, desquels il sera dressé un mémoire; ne luy sera loisible ny
permis de transporter ny donner aulcune chose de lad. maison sans
permission desd. sœurs à peyne d'estre expulsé.

ART. 6. Il ne sera permis à aulcuns pauures de retenir auprès d'eux
en leur propre, aulcuns meubles ny effets que quelques menus linges
dont ils pourroient user, et changer deux fois la semaine; leurs chemises seront mises entre les mains des sœurs pour en auoir soing, les
faire lesciuer, et touttes les semaines, l'une des sœurs mettra sur le
lit de chaque personne une chemise blanche ; pourront néantmoins
les pauures qui seront mieux fournis que d'autres en mettre deux par
semaine, et seront tenus de rendre leurs salles auxd. sœurs incontinent , à peyne de priuation de leur portion au disner et d'une pénitence publique.

ART. 7. Les licts des pauures seront composés d'un bois de lict
auec son équipage verd, une paillasse, un matelat, un trauersin, un
oreiller, une couuerture et une paire de draps, auprès duquel lict il
y aura un crucifix, un petit coffre pour enfermer leurs linge et habil-
lements, une chaise de bois, une escuelle d'estain, un goblet et une
cuillere, et pour cet effect il ne sera reçu autant que faire se pourra
point de pauures aud. hospital qu'ils n'ayent les effects cy dessus.

ART. 8. Il ne sera permis à certains pauures de disposer d'aulcuns
de ses effects, pas mesme de la moindre chose , sous quel prétexte ce
puisse estre, qui seront réunis de plein droict aud. hospital aussitost
leurs décès.

Art. 9. Il ne sera reçu dans led. hospital aulcuns pauures attoint d'épilepsie, d'écrouelles, ou aultres maladies contagieuses, non plus que des pauures qui auront leurs demeures ou des femmes leurs maris, n'estant pas de la descense dud. hospital.

Art. 10. Si par hasard il auôit quelque pauure qui se répandit en injures ou en inuectives contre aulcune personne, ou qu'il blasphesma le saint nom de Dieu, ou des iurognes, ils seront mis, pour la première fois, en pénitence publique, priués de leur portion; pour la seconde fois et pour la troisième, chassé dud. hospital, sans espérance d'y pouuoir rentrer. Et cela pour donner exemple à tous les autres.

Art. 11. Depuis Pasques jusqu'à la saint Henry, tous les pauures seront tenus de se leuer à cinq heures et demy, et depuis la St Henry jusqu'à Pasques, à six heures et demy. Incontinent leur leuer, ils s'habilleront sans faire aulcun bruit, au contraire garderont le silence, feront leur lict proprement, et offriront pendant ce temps leurs pensées à Dieu, le remercieront d'auoir passé la nuit, luy demanderont la grace de ne point l'offenser pendant le jour.

Art. 12. A six heures du matin en esté, et à sept heures en hyuer, l'on sonnera la prière; sistot que les pauures entendront sonner ils quitteront leurs occupations, se trouueront dans la chapelle, chascun dans leurs rangs, les hommes d'un costé et les femmes de l'autre, les garçons ensuite, et les filles après la sœur ou aultre personne préposée de sa part, auec soing qu'il n'y ait point de confusion. Il y aura deux enfants qui commenceront la prière par le signe de la croix qu'ils diront à haulte voix, le plus déuotement que faire se pourra, et les aultres responderont.

Art. 13. Comme les sœurs sont le plus souuent occuppées après les malades, et que difficilement elles peuuent accompagner et conduire les enfants et pauures à la prière ou à la Messe, elles auront soing de préposer une personne pour conduire lesd. pauures et enfants, pour lesd. plasser modestement, qu'ils soient tous dans une posture décente, conuenable dans un si saint lieu.

Art. 14. Après la prière tous les pauures retourneront dans leurs chambres ou à tel aultre lieu quy sera destiné pour le trauail, seront tenus de trauailler aux ouurages qui leurs seront donnés par les sœurs jusqu'à la Messe. Et en cas de désobéissance, estre priué d'une de leurs portions, pour la première fois; de priuation plus grande, pour la seconde, et pour la troisième, d'estre chassé; l'oisiueté et le deffauct de trauail n'engendre rien que de pernicieux.

Art. 15. Après la Messe dite et célébrée, un des enfants chantera, à haulte voix et à genoux, les litanies de la sainte Vierge ou de saint Joseph, afin que par leur intercession ils obtiennent de Dieu tous les secours tant spirituels que temporels, après quoy ils retourneront, deux à deux, à la chambre du trauail où ils se mettront tous à genoux deuant quelques images de la sainte Vierge, réciteront l'*Ave Maria* pour qu'il plaise à la sainte Vierge benir leurs ouurages, qu'ils continueront jusqu'au disner, sans que lesd. pauures puissent se choisir aulcun autre endroit que celuy qui leur aura esté indiqué pour trauailler tous ensemble.

ART. 16. A onze heures, en tous temps, on sonnera une cloche pour le disner, tous les pauures se rendront au réfectoire où, en arriuant, ils feront une inclination devant le crucifix qui sera mis à cet effect, un d'entre eux se mettra au milieu, fera le signe de la croix, récitera les dix commandements de Dieu et ceux de l'Eglise, le *Pater noster,* ensuite le *Benedicite;* il y aura pendant le repas un des pauures qui fera la lecture à laquelle tous les autres seront attentifs, pour l'aliment spirituel de leurs ames; les sœurs auront le soing de faire obseruer un grand silence pendant la lecture, qu'il ne sy passe rien que de décens, et après le repas elles ramasseront dans des paniers le reste des pauures.

ART. 17. Il ne sera permis à aulcun pauure de détourner ny pain ny viande pour donner ou vendre, sous quelque prétexte ce puisse estre, à peyne de priuation de leur portion, pour la première fois, de prison, pour la seconde, et d'estre chassé, pour la troisième.

ART. 18. Après le repas tous les pauures se leueront de table, se mettront sur deux lignes au milieu du réfectoire, deux commenceront les graces, tous les autres responderont, diront le *Pater noster,* l'*Ave* et le *Sub tuum præsidium,* prieront pour les bienfaiteurs, fondateurs, et le *De profundis* pour les trépassez, après quoy ils s'en retourneront, deux à deux, au laboratoire, et recommenceront chascun leur trauail, et prendront garde les sœurs que chasque pauure ayt de l'ouurage en suffisance. Et au souper seront les mesmes prières reiterées qu'au disner.

ART. 19. Tous les jours, à une heure, excepté le samedy, une des sœurs tiendra l'escole des enfants dans une chambre particulière. Lorsqu'elle entrera les enfants se mettront à genoux, réciteront l'*Ave Maria* auant que de commencer, que s'il y auoit grand nombre d'enfants, une sœur choisira un des plus grands pour les apprendre.

ART. 20. Après le souper, on sonnera les prières, tous les pauures seront tenus de se rendre, deux à deux, à l'église, se rangeront sur deux colonnes, se mettront à genoux, un d'entre eux récitera les litanies, les autres responderont, ensuite le *Sub tuum præsidium,* la prière pour S. A. R., le *Da pacem* et le *De profundis,* pour les bienfaiteurs trépassés, et fondateurs dud. hospital, après quoy ils retourneront de mesmo que le matin à leurs ouurages.

ART. 21. Les petits enfants ne se leueront qu'à six heures, en esté, et à sept, en hyuer; une des sœurs ira dans leur chambre les esueiller, leur faire faire le signe de la croix, leur faire offrir leur cœur à Dieu.

Mais comme souuent il est difficile de soigner ces enfants, par rapport au grand nombre, elle pourra se faire assister par un ou par deux des plus grands, sans cependant leur laisser le soing à eux seuls, à moins que d'une nécessité pressante; les feront prier Dieu, et, on leur absence, elles ne les confieront qu'à quelques personnes vertueuses; leur déjeuné sera fixé, et les sœurs pourront leur fixer un temps pour les autres repas, afin d'éuiter la confusion.

ART. 22. Lorsque ces enfants seront en estat de trauailler, les sœurs auront soing de leur donner de l'ouurage, et lorsqu'ils seront pareillement à l'âge de dix ou douze ans, les sœurs auront le soing de les apprendre et de les disposer à faire leur première communion. Quand ces enfants seront en estat de se pouruoir, il faudra qu'ils le fassent eux mesmes, on tâchera mesme de leur trouuer quelques conditions. Quand ils sortiront dud. hospital les garçons auront leurs habits du dimanche auec deux chemises, deux crauattes, un chapeau, une paire de bas; et à l'esgard des filles, leurs habillemens en pareille quantité.

ART. 23. Qu'il ne sera permis à aulcun pauure de disposer de ce qu'ils pourront gagner, soit en ville ou à la maison; mais remettront leurs gains entre les mains des sœurs qui en rendront compte au receueur.

ART. 24. Tous lesd. pauures seront tenus de suiure de point en point le présent règlement, de s'y conformer, d'obéir ponctuellement et sans résistance à tout ce qui leur sera commandé et ordonné par lesd. sœurs, à peyne d'estre chassés dud. hospital, sur les plaintes qui en seront portées par elles à messieurs les directeurs.

Fait à la Chambre du Conseil et des Comptes du duché de Bar par nous président, conseilliers, mestres et auditeurs en icelle et directeurs dud. hospital, le premier septembre mil sept cent vingt-neuf. »

NOTE S.

« Louis par la grace de Dieu roi de France et de Navarre, à tous présens et à venir, salut, les directeurs instituteurs ou associés de l'Ecole Royale gratuite et atelier de Charité dans notre ville de Bar nous ont fait représenter qu'ayant bien voulu, par nos lettres-patentes du mois de juillet dernier, autoriser l'acte d'association du seize mars mil sept cent septante pour former la dite école et assurer ainsy aux pauvres de la dite ville de Bar et des environs les secours et les avantages qu'elle leur procure, nous pourrions donner une consistance plus ferme encore, et une position fixe au dit établissement si nous l'autorisons à acquérir des bâtimens et des emplacemens qui leur sont nécessaires, et dans lesquels les dits directeurs ou associés pourvoirroient plus facilement aux objets propres à faire fructifier et perfectionnner le dit établissement, que dans la ville susdite de Bar il existe une église et maison conventuelle avec ses dépendances, cy devant possédée et occupée par une commanderie de Religieux hospitaliers de l'ordre de St Antoine, et qui appartiennent actuellement à l'ordre de St Jean de Jerusalem ou de Malthe, en vertu de l'union qui lui a été faite du dit ordre de St Antoine et de ses biens droits, par Bulles autorisées et confirmées par nos lettres-patentes duement enregistrées; que la dite maison conventuelle et ses dépendances ne pourroient pas être employées d'une manière plus utile qu'à former le siége ou le centre de l'établissement sus dit, et même plus analogue aux principes constitutifs des deux ordres sus dits qu'en servant d'hospice aux enfants pauvres pour leur procurer les moyens de subsister; que l'ordre sus dit de Malthe auquel la dite maison des Religieux cy devant de St Antoine n'est pas nécessaire, et qui désire d'ailleurs de contribuer à tout ce qui regarde l'utilité publique et à ce qui intéresse l'humanité et la religion, paroit disposé à céder la maison sus dite et ses dépendances pour la sus dite Ecole Royale ou attelier de charité, même gratuitement, et à la seule condition de faire acquitter les fondations faites dans l'église de la dite maison conventuelle, que les dits prêtres attachés au dit attelier de charité et chargés de donner l'instruction chrétienne aux enfants pauvres sus dits acquitteront facilement ces fondations et que le service divin continué dans la dite église seroit un avantage en même temps pour l'Ecole Royale sus dite et pour la ville de Bar, non-seulement dans l'état actuel des choses mais sous le point de vue d'actes ultérieurs d'administration publique. Enfin qu'ils nous supplioient de vouloir bien autoriser l'ordre sus dit de St Jean de Jerusalem ou de Malthe ou ses commissaires dans le Royaume à faire la dite cession et aliénation, et les directeurs et instituteurs ou associés sus dits à les accepter pour l'établissement aussi sus dit, et contracter avec le dit Ordre pour être les actes passés entre eux homologués ensuite au Parlement, et exécutés en conséquence suivant leur forme et teneur, et désirant favorablement traiter le dit établissement et contribuer autant qu'il dépend de nous à tout ce qui peut en assurer la stabilité et les succès. A ces causes et autres à ce nous mouvant, de l'avis de notre conseil et de notre certaine science, pleine puissance et autorité Royale, nous avons, par ces présentes signées de notre main, autorisé et autorisons les fondés de pouvoir du commissaire de l'ordre de St Jean de Jerusalem ou de Malthe, dans notre Royaume, d'aliéner, céder, et transporter la maison conventuelle cy devant de l'ordre de St Antoine dans la ville de Bar, pour l'Ecole Royale gratuite ou attelier de Charité établi dans la dite ville, et les directeurs instituteurs ou associés du dit attelier à contracter à cet effet avec le dit Ordre aux charges, clauses et conditions et sous les autorisations requises.

» Donné à Versailles, au mois de septembre, l'an de grace mil sept cent quatre-vingts, et de notre règne le septième, signé Louis. »

Note T.

Par devant les conseilliers du Roy notaires au Chatelet de Paris, soussignés furent présens son Excellence Monseigneur Jacques Laure le Tonnelier de Breteuil, chevalier profès, grand croix de l'ordre de St Jean de Jérusalem, ci devant capitaine des galères dudit ordre, et son ambassadeur extraordinaire près le Saint-Siége, commandeur des commanderies de Vaillampont, Villers en siége, Troyes et Puissambeau, Prieur commanditaire du Prieuré Royal d'Omont, ambassadeur ordinaire de Malthe, près Sa Majesté très-chrétienne, et religieux, seigneur, frère Jacques François le Bazile d'Argenteuil, chevalier, grand croix de l'ordre de St Jean de Jérusalem, mestre de camp de cavalerie, commandeur de la commanderie de St Maurice, procureur général du dit Ordre, et receveur du vénérable commun trésor au grand Prieuré de France etc., d'une part, et Mr Jean François de Choppe, chanoine de St Pierre de Bar, Promoteur vice gérant de l'Officialité de Toul, au nom et comme fondé de la procuration spéciale, à l'effet des présentes, de MM. les Instituteurs et administrateurs et de MM. les associés d'honneur de l'Ecole Royale gratuite et atelier de Charité de la ville de Bar, cette procuration passée..., le quinze décembre de la présente année...., lesquels ont dit savoir mondit Sr Abbé de Choppe, audit nom, que dans la ville de Bar il appartient à l'ordre de Malthe une maison conventuelle et dépendances, ci-devant occupée par les religieux hospitaliers de l'ordre de St Antoine, actuellement uni avec ses biens à l'ordre de Malthe, que cette maison et dépendances dont la possession seroit ou pourroit devenir plus onéreuse qu'utile à cet ordre, soit pour les réparations à y faire pour la maintenir en bon état, soit pour l'acquit des charges et particulièrement celui des fondations établies dans l'Eglise qui est le chef lieu, et qui fait partie de la maison conventuelle, ne pourroit être plus utilement employée qn'à assurer une position fixe à l'établissement des Ecoles gratuites et atelier de Charité, on y formera des infirmeries pour les pauvres employés dans cet établissement, aussi intéressant pour la religion et l'humanité que pour l'ordre public. Que bien loin de s'écarter des intentions pieuses des fondateurs de cette maison, on continueroit de s'y conformer en la faisant servir à l'éducation et à la subsistance des pauvres et au soulagement desdits pauvres malades; que ce ne seroit changer que pour une meilleure fin et par des vues relatives aux circonstances de l'espèce d'hospitalité, et que cet emploi vraiment digne d'un Ordre distingué par la naissance de ses membres, comme par l'objet et les fruits de son institution, seroit un exemple de plus du bon usage qu'il fait des biens ci devant possédés par les religieux de St Antoine, qu'aux dispositions connues et

bienfaisantes de cet Ordre, se réunissent les désirs d'une auguste
princesse qui non seulement a participé à la fondation et dotation de
l'établissement susdict, mais qui veut bien en être sa protectrice;
que cet établissement se chargeroit de faire acquitter les fondations
faites dans l'église susdite, qui pourroit aussi devenir paroissiale, et
être employée à un service plus étendu et plus suivi, et qui seroit
d'une utilité plus générale; enfin que les instituteurs et administrateurs de cet établissement ont obtenu de la bonté du Roi des lettres
patentes données à Versailles, au mois de septembre dernier.... qui
autorisent l'ordre de Malthe à aliéner l'établissement susdit, à accepter et posséder la maison conventuelle et dépendances susdites, sur
quoy Messeigneurs de Breteuil et d'Argenteuil esdits noms ont dit
que le dit Ordre de Malthe également empressé de répondre aux
désirs et aux vues pieuses de son Altesse Royale Madame Adelaïde
de France, et de donner des preuves de son zèle pour tout ce qui
intéresse la religion, l'humanité et l'ordre public, est effectivement
disposé à céder pour les Ecoles gratuites et Atelier de Charité susdits la maison conventuelle et dépendances gratuitement à la charge
seulement d'acquitter les fondations et d'ailleurs sous les conditions et
réserves qui seront cy après expliquées; en conséquence les dites
parties sont convenues de ce qui suit : savoir que lesdits seigneurs
de Breteuil et d'Argenteuil ont esdits noms cédé et transporté à perpétuité pour l'établissement des Ecoles gratuites et Atelier de Charité, et pour les œuvres pies qui doivent en être la suite, ce acceptant mondit Sr de Cheppe, audit nom, pour ledit établissement et
les administrateurs et instituteurs et associés d'icelui, la maison conventuelle avec le batiment de l'église qui en fait partie et leurs dépendances avec le jardin et batiments en dépendants, ensemble une
remise, le tout cy devant appartenant aux religieux hospitaliers de
St Antoine dans la dite ville de Bar, et par eux possédés, bornés,
savoir : les dites maisons conventuelle et batiments adjacents, au
levant, par la rue du petit Bourg, au couchant par la rue du Bourg
et par les batiments de l'hopital; au midy par une ruelle qui commu-
nique de la rue du Bourg à celle du petit Bourg, et une remise
appartenant au dit hopital ; au nord par une autre rue appelée encore
rue du petit Bourg; 2° la remise située rue du petit Bourg..... ainsi
que le tout se poursuit, et se comporte, et dans l'état où se trouvent
les dits immeubles, comme aussi ont donné, cédé, et transporté aux
dites Ecoles et Atelier et accepté par mondit Sr Abbé de Cheppe, au
dit nom, les effets mobiliers quelconques qui garnissent l'église et la
sacristie qui en dépend, ainsi que les cloches, étant au clocher ou
flèche de la dite église, à la réserve des vases sacrés et ornements qui
pourront être vendus, pour en jouir par ledit établissement, à comp-
ter du premier janvier mil sept cent quatre-vingt-un, le tout : 1° à la

charge par les instituteurs administrateurs et associés des dites Ecoles
et atelier et leurs successeurs à perpétuité d'acquitter ou faire acquitter toutes les fondations faites dans ladite Eglise, ce qui, d'après
l'état dressé sur les titres et remises aux R. P. Capucins qui acquit-
tent à présent les dites fondations, consistant dans une messe quoti-
dienne, dans trois cent huit messes basses, douze messes hautes,
huit offices des Morts, dont cinq à trois nocturnes et les trois autres à
un nocturne, deux *libera,* cinq saluts, les jours des fêtes de la Ste
Vierge, et deux, les jours de la fête de St Jean et de la fête de St Pierre,
sauf, et s'il y a lieu, la réduction des dites fondations à demander
ainsi que de droit, en outre d'un service des morts annuel et solennel
pour les fondateurs et bienfaiteurs de l'église et maison conventuelle
susdites et d'un service aussi annuel et solennel pour la conservation
et le salut du Grand Maitre de Malthe et de tous les membres du dit
Ordre; 2º sous la condition expresse d'employer les objets cédés à
l'avantage de l'atelier de Charité ou des pauvres malades qui y seront
attachés ou autres œuvres relatives au dit établissement, à l'effet de
quoy s'il était vendu ou échangé partie des immeubles cédés ce qui
aura été reçu en échange ou le prix provenant de la vente dont sera
fait cessation utile sera représentatif à perpétuité de la portion desdits immeubles vendus ou échangés, pour le fonds et les revenus
avoir la même destination, et dans le cas où le dit Atelier et les
dites Ecoles Royalles cesseront d'exister, il ne pourra être fait aucune disposition par lesdits administrateurs ou autres, à quelques
titres que ce soit, des immeubles provenant de la présente aliénation
ou de ce qui représenterait les dits immeubles, soit en faveur des
pauvres de la ville de Bar, soit pour toute œuvre pie ou d'utilité publique, sans avoir préalablement requis et obtenu le consentement de
l'Ordre de Malthe. 3º Sous la réserve que le possesseur de la commanderie du dit Ordre de Malthe sera au nombre des instituteurs
administrateurs ou associés des mêmes écoles et atelier de Charité;
que dans ladite église il y aura une chapelle dont la jouissance exclu-
sive demeurera et appartiendra à ladite Commanderie, à la charge
seulement pour le commandeur d'entretenir l'autel de la dite chapelle,
et sous les obligations par les instituteurs administrateurs ou associés
et leurs successeurs ou représentants de fournir ou faire fournir les
ornements ou autres choses nécessaires pour les messes que le dit
commandeur croiroit devoir y faire célébrer, lesquelles réserves,
conditions et charges ont été acceptées par mondit sieur Abbé de
Cheppe, an dit nem, qui a soumis et obligé l'établissement susdit à
leur pleine et entière exécution.....

Fait et passé à Paris..... le vingt-trois décembre mil sept cent
quatre-vingt, et ont signé à la minute des présentes, demeurée à
maistre Maigret l'un des notaires soussignés. »

Note U.

« Ce jourdhuy cinq février 1781, Messieurs les Instituteurs de l'École Royale gratuite et ateliers de charité assemblés. M. de Romecourt procureur général de la Chambre des Comptes et M. l'abbé de l'Etang associés honoraires présens à l'effet de délibérer sur l'employ le plus utile à faire des bâtimens de la commanderie de Bar à eux cédés et abandonnés par l'ordre de Malthe au contenu de l'acte passé par devant maître Maigrot qui en a la minute et son confrère notaires à Paris, le 23 septembre 1780. Considérant que la Société qu'ils ont formée n'a jamais eu et ne peut essentiellement avoir d'autre objet que le bien de la religion et celui du public, que c'est dans la vue d'instruire la jeunesse et de secourir l'humanité, qu'ils ont exposé leur fortune à tous les hasards inséparables de leur atelier, sans pouvoir se promettre aucun bénéfice personnel, qu'ils n'ont désiré la cession des bâtimens dont il s'agit que pour parvenir plus sûrement à l'exécution de leur projet, qu'ils voyent avec douleur ainsy que leurs concitoyens que dans une ville aussi populeuse que Bar et aussy resserrée dans ses ressources il n'existe point d'hôpital pour les malades, que même celui qui y est établi, destiné seulement aux vieillards et à des enfans orphelins, ne peut en admettre qu'un très-petit nombre par défaut de revenus, que la maison à eux abandonnée par l'acte dudit jour 23 septembre 1780, est de nature à donner à la ville de Bar le secours le plus indispensable qu'on puisse luy procurer en ce jour, en y formant des salles où les personnes indigentes et malades seroient reçues et soulagées gratuitement, ont arrêté :

1º Que la maison de la commanderie de Bar acquise par MMrs les Instituteurs, le 23 septembre dernier, est, et sera employée pour établir en icelle le plustôt qu'il sera possible et jusqu'à concurrence de la moitié de ladite maison que MMrs les Instituteurs jugeront nécessaire à un hôpital pour les pauvres malades;

2º Que ledit hôpital sera par eux régi et administré, Mr le commandeur de la commanderie de Bar demeurant néanmoins l'un des desdits administrateurs, il juge à propos de donner au même hôpital cette marque de bonté;

3º Se réservant MMrs les Instituteurs de prendre les mesures convenables pour remettre à l'hôpital qui sera par eux formé ou à d'autres l'acquit des fondations et services dont ils sont tenus par l'acte du 23 septembre, de manière que lesdites fondations et services seront toujours exactement acquittés et que l'ordre de Malthe ne puisse être aucunement recherché à cet égard;

Autorisent, en conséquence, MMrs les Instituteurs, Mr l'abbé de

C*

Cheppe actuellement à Paris, à faire ce qu'il jugera à propos pour l'exécution du présent arrêté, à l'effet de quoy, copie lui en sera envoyée dans le jour de demain. »

NOTE V.

« Le 18 janvier 1786 la Chambre cour des Comptes, considérant que si elle ne peut trop applaudir aux vues qu'ont formé les Instituteurs et l'atelier de charité, au zèle qui les soutient et aux motifs qui ont déterminé les offres contenues en leur délibération, elle doit aussi pourvoir à l'intérêt de l'hôpital dont elle a la surintendance et administration. Que l'emplacement de cet hôpital est, il est vrai, tellement circonscrit, que l'on ne peut y recevoir que ceux qui l'habitent aujourd'hui, que dès lors les citoyens de cette ville qui voudroient lui faire des dons sont retenus par la circonstance que ces dons deviendroient en quelque sorte superflus dans un asile où il est impossible d'admettre par la situation du local que ce qui existe, que malgré le vœu de la Chambre cour des Comptes, d'aggrandir cet asile elle doit concilier son vœu avec les ressources indispensables pour subvenir à onze lits dont l'hôpital se trouvait chargé, en acceptant la proposition des Instituteurs, que ses ressources lui manquent en partie dans ce moment, qu'elle en espère pour l'avenir, ce qui la mettra alors en état d'exécuter en entier le projet d'humanité et de bienfaisance des Instituteurs, qu'elle est persuadée que les Instituteurs assurés, — tant de l'impuissance actuelle de la chambre cour des Comptes de seconder dans toute son étendue et sans réserves la charité qui les anime que du désir efficace que icelle cour a d'établir les douze lits aussitôt qu'il lui sera possible, ne balanceront point d'abandonner la maison des Antonins, quoique la Chambre cour des Comptes soit nécessitée de restreindre les dispositions que confirme leur délibération du huit janvier. A la Chambre cour des Comptes arrête qu'elle recevra avec reconnaissance et la juste sensibilité qu'elle doit aux besoins des pauvres secourus si efficacement par les Instituteurs la cession qui lui est offerte de la maison conventuelle des Antonins, et ce, sous les conditions contenues en leur délibération dudit jour, huit janvier, aux modifications néanmoins cy après : 1° Que le nombre des lits dont se chargera l'hôpital porté à onze par l'article quatre d'icelle délibération, non compris celui fondé par le sieur abbé de Cheppe, l'un desdits instituteurs, sera et demeurera réduit quant à présent à huit seulement, déclarant la Chambre cour des Comptes que dans le cas où elle obtiendrait de l'évêque diocésain la réduction soit des fondations que lesdits Instituteurs sont tenus à faire acquitter par le contrat intervenu entre eux et l'ordre de Malthe, ledit jour vingt-trois décembre, desquelles fondations l'hôpital est chargé par ladite délibération, soit de celles dont l'hôpital est lui-même dès anciennement tenu, ou des uns et des autres ensemble, lesdits lits seront au nombre de neuf pourvu que la réduction sur quelle partie elle puisse frapper opère pour l'hôpital un bénéfice de deux cents livres, cours du royaume, que même aussitôt les secours qu'elle pourra recevoir cy-après, sans néanmoins aucune affectation particulière, soit par la réunion d'autres hôpitaux à celui de Bar, soit par les bénéfices des recettes sur la dépense ou de quelqu'autre manière, en augmentant les revenus de l'hôpital, procureront les moiens de soutenir deux autres lits, la Chambre cour des Comptes fera entretenir les onze que les Instituteurs demandent être destinés au service des malades, aussi non compris celui fondé par le Sr abbé de Cheppe, et qui est par elle accepté conformément à l'acte de fondation; 2º que jusqu'alors les Instituteurs pourront indépendamment des huit lits agréés par la Chambre cour des Comptes en placer trois autres, même six, en payant néanmoins, par chacun des dix lits et par chacun des jours qu'ils seront occupés, dix sols, cours du royaume, laquelle faculté subsistera encore pour trois lits lorsque les onze cy-dessus seront établis; 3º que les salles dont il est parlé dans l'article onze de la délibération serviront aux besoins non-seulement des malades présentés par les Instituteurs mais encore aux besoins d'autres malades que la Chambre cour des Comptes jugerait à propos d'y faire placer, de manière cependant que les huit lits et les trois qui y seront placés dans la suite sur la présentation des Instituteurs seront toujours libres, pour leurs malades; 4º que les malades du choix des Instituteurs seront par eux présentés à la Chambre cour des Comptes, et cependant provisoirement admis à l'hôpital à la charge de faire signer dans les vingt-quatre heures le billet d'entrée par l'un des membres de ladite Chambre cour des Comptes; 5º que le changement dans l'ordre des lits que les Instituteurs voudront faire suivant les circonstances, et pour l'intérêt de leurs malades s'exécutera sur leur simple représentation aux frais de l'hôpital, en vertu de l'ordonnance du commissaire que nommera la Chambre cour des Comptes pour veiller plus particulièrement au régime dudit hôpital; 6º que dans le cas prévu par l'article six de la délibération, le commissaire de la Chambre cour des Comptes ne nommera que provisoirement, et lorsque le danger sera tellement pressant qu'il n'aura pu en vérifier à icelle cour à laquelle appartiendra la nomination des quatre premiers lits; 7º que les Instituteurs en renvoyant un de leurs malades en avertiront le commissaire dans les vingt-quatre heures du renvoy, seront au surplus les Instituteurs invités de considérer que si la Chambre cour des Comptes ne peut, comme il vient d'être observé, répondre entièrement à leurs intentions bienfaisantes, elle a tout lieu de croire qu'elles seront incessamment remplies, elle en accélèrera du moins autant qu'il sera en elle le moment. Ainsi elle est justement persuadée que le retard qu'elle apporte à l'accomplissement parfait de leur ieeux projets ne suspendra pas la cession qu'ils ont proposée, pourquoy leur sera remise une expédition du présent arrêté.

Bar-le-Duc, en la Chambre cour des Comptes, les jours et an susdits.   DE LA MORRE. »

NOTE X.

29 janvier 1786. « Que l'hôpital se chargera d'acquitter ou de faire acquitter dans l'église de Saint-Antoine les fondations dont l'état joint à la présente délibération a cy-devant été communiqué à la Chambre des Comptes avec l'acte dudit jour vingt-trois décembre mil sept cent quatre-vingt, desquelles fondations les instituteurs se sont chargés en conséquence de la cession qui leur a été faite par l'ordre de Malte ;

2° Que cette maison sera entièrement consacrée au service des pauvres, qu'il y aura deux salles destinées aux pauvres attaqués de maladies accidentelles et non contagieuses, une pour les hommes et une pour les femmes ; lesquelles salles serviront aux besoins des malades présentés par les instituteurs et de ceux que la Chambre des Comptes jugerait à propos d'y faire placer, de manière néanmoins que les lits cy-après réservés par les instituteurs soient toujours à leur disposition ;

3° Que la fondation faite par le sieur abbé de Cheppe en l'atelier pour un pauvre malade de la ville de l'un ou de l'autre sexe sera exécuté dans ledit hôpital........ ;

4° Que pour remplacer les lits que les instituteurs et administrateurs de l'atelier de charité entretiennent et sont disposés à entretenir avec les bénéfices qu'ils tirent de la location de ladite maison et faire aux pauvres le sacrifice de l'avance qu'ils ont faite de douze mille livres pour l'obtention et réparation de ces bâtiments, ils auront dans ledit hôpital huit autres lits constamment occupés par des malades de l'un et de l'autre sexe qu'ils présenteront à la Chambre des Comptes. Le nombre desquels lits sera successivement porté d'abord à neuf, ensuite à dix, et à onze, savoir : à neuf, si la réduction, soit des fondations dont l'hôpital est chargé, soit de celles que les instituteurs sont chargés d'acquitter a lieu, ce qui opérera un bénéfice de deux cents livres, cours du royaume, et les lits seront au nombre de dix et onze, dès que les secours que la Chambre des Comptes pourra recevoir pour l'hôpital, sans néanmoins affectation particulière, tant par la réunion d'autres hôpitaux que par le bénéflce de la recette sur la dépense ou de quelque autre manière, en augmentant les revenus du même hôpital le mettront en état d'entretenir un ou deux lits au delà de neuf, ainsi qu'il est expliqué dans l'arrêté de la chambre des comptes dudit jour dix-huit de ce mois;

5° Que jusqu'au jour où les lits seront au nombre de onze non compris celui fondé par le sieur de Cheppo, les instituteurs pourront en placer trois, même six en payant néanmoins pour chacun desdits lits et pour chacun des jours qu'ils seront occupés, dix sous, cours du royaume, et quelle faculté subsistera encore pour trois lits quand les douze, celui fondé par le Sr de Cheppo compris seront établis;

6° Que les malades destinés à occuper ces différents lits et qui seront présen... à la Chambre cour des Comptes par les instituteurs seront néanmoins provisoirement reçus en faisant signer dans les vingt-quatre heures de leur admission le billet d'entrée par l'un des membres de la dite cour;

7° Que les douze lits porteront à perpétuité cette inscription, *à l'atelier de charité*, tissée en lettres blanches sur la bande qui entoure le ciel dudit lit, que huit de ces lits seront placés dans la salle des hommes et trois dans la salle des femmes;

8° Que le changement que les instituteurs voudraient faire dans l'ordre des lits de leurs malades, suivant les circonstances et l'intérêt de ces malades s'exécutera sur leur simple représentation aux frais de l'hôpital.......

9° Que dans le cas où les instituteurs abandonneraient l'administration de cet établissement et qu'ils cesseraient de quelque manière le soin d'en être les possesseurs, ils conserveraient néanmoins le droit de présenter auxdits onze lits, n'y eut-il qu'un seul survivant à cette révolution et au décès des autres, et l'administration gratuite sur les effets de l'atelier de charité. Après eux la Chambre des Comptes nommera à quatre des lits, les curés de la ville aux sept autres, savoir : le curé de Saint-Antoine, à deux; le curé de Saint-Étienne, à deux; le curé de Notre-Dame, à trois, à raison du plus grand nombre de pauvres qui sont dans sa paroisse; le douzième lit sera nommé par ceux auxquels le droit en a été réservé par l'acte de fondation.

10° Qu'il sera tenu un registre à l'hôpital comme on le fait aujourd'hui dans l'atelier de charité du nom et du surnom des malades présentés par les Instituteurs et administrateurs de l'atelier ou leur représentant, du lieu de leur naissance, de leur âge, du jour de leur entrée, de la nature de leur maladie, de leur sortie ou de leur décès; lequel registre pourra être vérifié par lesdits billets d'entrée dont les malades seront porteurs et par les billets de sortie que la sœur supérieure de l'hôpital remettra aux administrateurs ou à leur aumônier; pour l'exécution de quoy il sera libre aux instituteurs ou à leur aumônier de visiter quand ils jugeront à propos les lits mar-

C**

qués du nom de l'atelier et les malades qui les occuperont, et de renvoyer à leurs travaux ceux qui seront suffisamment rétablis.......

11º Qu'il sera réservé dans ladite maison deux chambres à feu,
pour un ou deux hommes charitables, ecclésiastiques ou laïcs, qui
voudraient, avec l'agrément de messieurs de la Chambre des Comptes
se dévouer au service des pauvres, en payant toutefois audit hôpital
la pension que cette compagnie exigera.

12º Que le terrain qui servait à l'emplacement du pressoir de ladite
maison et de partie de remise jusqu'à l'angle de la chapelle Saint-
Nicolas, érigée en ladite église, sera séparé par un mur aux frais de
l'hôpital pour être joint et appartenir aux maisons dont le derrière
donne sur ledit emplacement, lequel mur sera tiré en ligne droite,
de l'angle de ladite chapelle au mur voisin de la rue qui tire de celle
du Bourg à celle du Petit-Bourg ou de la Congrégation, et supportera
les eaux de l'hôpital de manière qu'elles ne tombent sur ledit terrain......

13º Que les baux faits avec les locataires actuels de ladite maison
seront entretenus jusqu'à leur expiration.......

14º Qu'à l'expiration de ces baux, où l'hôpital pourra entrer en
possession de ladite maison conventuelle, les fondations de l'église
cy-dessus mentionnées seront à la charge de l'hôpital, et que six
mois seulement après, le service de huit lits réservés aux instituteurs
de l'atelier ainsi que le service de celui fondé par l'abbé de Cheppe
aura lieu dans la maison cédée. Si cependant l'hôpital ne s'était pas
mis en état de recevoir dans ce délai lesdits lits, ceux actuellement
montés dans l'atelier au nombre de huit continueraient à y être entretenus, mais aux frais de l'hôpital qui s'en rapportera aux mémoires qui lui seront fournis, si mieux n'aiment MMrs de la Chambre
des Comptes faire faire état et paiement par le receveur de l'hôpital
des locations de la dite maison sur le prix de cinquante-quatre livres
et demy par année, en proportion du temps que lesdits huit lits seront restés à la charge de l'atelier, après les six mois écoulés depuis
l'expiration des baux....... »

Note Y.

« Ce jour treize février mil sept cent quatre-vingt-six, lecture
faite de la délibération des instituteurs de l'atelier de charité, École
royale gratuite de cette ville qu'ils auroient réglée le vingt-neuf janvier dernier, en exécution de l'arrêté de la Chambre cour des Comptes
du dix-huitième mois de janvier, lecture pareillement faite dudit
arrêté dix-huit janvier et des pièces relatives, considérant icelle Cour
qu'elle ne peut trop tôt s'empresser pour l'intérêt de l'hôpital de
cette ville, dont elle a la surintendance et administration, de consom-

mer un ouvrage qui doit opérer le plus grand bien du même hôpital, et assurer dans la suite des ressources à une infinité de malheureux qu'on ne pouvait secourir, que l'emplacement de l'hôpital et l'impossibilité où il avait été jusqu'ici de l'étendre avoient toujours été un obstacle au zèle de la Chambre cour des Comptes, que les économies même seroient devenues bientôt inutiles par l'impuissance de loyer dans un asile aussi retiré un plus grand nombre de personnes que celles qui l'habitent. Qu'ainsi les instituteurs consultant l'esprit qui a formé leur société et qui la soutient, viennent de rendre un service essentiel à l'humanité souffrante en cédant à l'hôpital sa maison conventuelle des Antonins, que la Chambre cour des Comptes ne peut se dispenser de seconder le désir qu'ils ont de soulager autant qu'il est en eux la misère publique, qu'elle eut même voulu pouvoir ne pas resserrer dans le moment actuel leur pieuse intention, mais que si les circonstances ne lui permettent pas aujourd'hui de charger l'hôpital de la quantité de lits demandés d'abord par les instituteurs, elle ne négligera rien pour mettre incessamment l'hôpital en état de porter ces lits jusqu'à douze, y compris celui fondé par le Sr abbé de Cheppe, l'un desdits instituteurs; qu'il ne s'agit plus dès lors que de supplier S. M. d'agréer une cession aussi importante, qu'il convient encore de demander le consentement de l'ordre de Malthe, qu'il y a d'autant moins lieu de douter qu'il ne soit accordé par l'Ordre, que la cession remplit le vœu développé par cet Ordre dans l'acte du vingt-trois décembre mil sept cent quatre-vingts, d'après les principes de religion et de bienfaisance qui le dirigent. En conséquence, la Chambre cour des Comptes a arrêté qu'elle acceptait pour, et au nom de l'hôpital de Bar, dont elle a la surintendance et l'administration, la cession faite par les instituteurs de l'atelier de charité, École royale gratuite de cette ville, des bâtiments des Antonins de la même ville, tels et ainsi qu'ils sont désignés dans la délibération desdits instituteurs du 29 janvier dernier, laquelle demeurera jointe et annexée à la présente et aux charges, clauses et conditions y portées, laquelle délibération, la Chambre cour des Comptes promet en sa dite qualité de faire suivre et exécuter en tout son contenu, sans pouvoir y être en aucun cas dérogé, à l'effet de quoy sera le Seigneur Roy très-humblement supplié d'agréer ladite cession ainsi que les conditions y exprimées, sera aussi l'ordre de Malthe invité d'en consentir l'exécution en ce qui le concerne, et pour obtenir lesdits agréments et consentements seront toutes expéditions nécessaires de la présente délibération remises au procureur général du Roy, et expédition pareillement délivrée aux instituteurs pour leur servir et valoir ce que de raison; seront en outre transcrites dans le registre à ce destiné ensuite lesdits arrêté et délibération, l'acte du vingt-trois décembre mil sept cent quatre-vingts, les lettres patentes et titres relatifs ensemble, l'acte de fondation faite par le Sr abbé de Cheppe d'un lit · en l'infirmerie de l'atelier de charité, l'état des fondations dont l'atelier a été chargé, au contenu de l'acte dudit jour vingt-trois décembre, et l'état des affaires appartenant aux locataires de la maison conventuelle des Antonins, à l'effet d'y avoir recours, le cas échéant

Fait et arrêté en la Chambre du conseil de la cour des Comptes et des aydes de Bar, le treize février mil sept cent quatre-vingt-six. Signé de la Morre, de Vassart d'Andernay, de Jobart de Longeaux, de la Morre Villaubois, de Maillet de Bar, de Vyart, de Vendières, et de la Morre d'Errouville. »

Note Z.

« Ce jourd'huy, cinq janvier mil sept cent quatre-vingt-huit, la Chambre du conseil et des Comptes, extraordinairement assemblée, et délibérant des affaires concernant l'administration de l'hôpital de cette ville, considérant qu'ensuite de la cession faite audit hôpital par l'Atelier de charité de la dite ville des bâtiments de la maison des ci-devant Antonins, de la même ville, pour en jouir à l'expiration des baux desdits locataires, laquelle a eu lieu à Noël dernier, tems auquel les fondations de l'église de Saint-Antoine sont à la charge dudit hôpital, et que six mois après les lits réservés audit Atelier de charité seront placés et entretenus dans lesdits bâtiments cédés aux frais dudit hôpital, a arrêté ladite Chambre qu'au premier juillet prochain les pauvres de l'hôpital de cette ville seront transportés dans lesdits bâtiments cédés pour servir à l'avenir d'hôpital, à l'effet de quoy messieurs les locataires qui occupent actuellement lesdits bâtiments seront prévenus et invités par Mr de Vassart d'Andernay, commissaire dudit hôpital, qu'il est nécessaire de laisser lesdits bâtiments libres pour le premier mai prochain.

Délibéré et arrêté à Bar, en ladite Chambre, les jours et an susdits, présents messieurs de Vassart d'Andernay, président la dite Chambre, de Jobart, de Longeaux, de la Morre de Villaubois, de Vendières, de Viard d'Auzécourt, de Marne, Boncourt. »

Note AA.

« La commission administrative de l'hospice civil de Bar-sur-Ornain, informée et ayant par elle-même connaissance que beaucoup de pauvres admis à l'hospice, quoiqu'encore valides, se refusent à aider soit les jardiniers, soit autres manœuvriers dans des instants pressants et pour des ouvrages qui ne sont point au-dessus de leurs forces, qu'aucun d'eux sortent de la maison sans avoir demandé et obtenu la permission de la sœur supérieure, se rendent dans les cabarets, et pour alimenter leur paresse engagent et même vendent leurs nippes et effets, ou mendient publiquement; que très-souvent ils ne rentrent à l'hospice qu'à heure indue et dans un état d'ivresse tel que dans l'oubli d'eux-mêmes ils manquent aux égards et au respect que doivent naturellement leur inspirer les soins qu'ont pour eux les sœurs hospitalières, et la supériorité qui leur est déférée, et leur brutalité est portée au point de les injurier, même de s'échapper en imprécations contre elles.

Considérant que la soumission, l'obéissance, et la régularité sont les bases sur lesquelles repose l'ordre qui est le principe de toute institution, et que l'infraction à l'un de ces points est un attentat contre tout.

Considérant que la conduite de ceux des pauvres qui, encore en état de travailler et qui s'y refusent, est d'autant répréhensible que l'insolence ou la mauvaise volonté qui les subjugue les conduit directement à la débauche à laquelle il ne leur manque que l'occasion, peut-être le moyen de se livrer.

Considérant que celle des autres pauvres qui traînent leur existence crapuleusement de cabarets en cabarets est un scandale insupportable, en dehors comme dans l'intérieur de l'hospice, en ce que d'une sorte par la vente des nippes et habits qui leur sont confiés, ils commettent un vol, ou en mendiant, ils retranchent par leurs escroqueries la portion que croit donner l'honnête homme à un nécessiteux, que d'un autre côté leur ivresse et les propos grossiers qui en sont toujours la suite fâcheuse est du danger le plus conséquent au regard des autres pauvres, surtout des élèves qui, susceptibles de toutes impressions, ne devraient pour être formés au bien, qu'apercevoir des exemples qui les y dirigeassent.

Considérant enfin qu'il est extrêmement urgent de prendre des moyens répressifs contre de pareils abus, et de restituer à cet asile de l'humanité souffrante et abandonnée l'ordre qui lui est essentiel pour le soutenir; a délibéré que provisoirement, et en attendant que le gouvernement eût statué et publié un règlement concernant les hospices, ce qui suit :

Art. 1, Tous les pauvres sains et malades admis à l'hospice obéiront ponctuellement aux sœurs hospitalières, ainsi qu'aux maîtres et maîtresses, dans tout ce qui leur sera demandé.

Art. 2. Les maîtres et maîtresses obéiront de même à la sœur supérieure ou à celle qu'elle aura désignée pour ce qui concerne leurs fonctions, et le bien de la maison.

Art. 3. La prière aura lieu tous les jours dans la chapelle; l'été, à cinq heures du matin et à sept heures du soir; l'hyver, à six heures du matin et à cinq heures du soir; elle sera récitée par un enfant qu'aura choisi la sœur supérieure, et tous les pauvres y assisteront.

Art. 4. Il sera fait catéchisme deux fois par semaine, les dimanche et jeudi, à une heure après midi.

Art. 5. Ceux et celles qui sont destinés à surveiller la conduite des enfants se pénétreront de l'importance de leurs fonctions, et, ayant le sentiment du caractère dont ils sont revêtus, auront la plus grande attention à ce que leurs personnes soyent, par leurs paroles et leurs actions, un modèle vivant à leurs élèves.

Art. 6. Ils se lèveront, en été, à quatre heures et demie, et à cinq heures, en hyver; s'ils ne couchent pas dans le dortoir des enfants, ils s'y rendront, pour les faire lever et habiller, afin qu'il ne s'y passe rien contre la bienséance; ils auront soin que les enfants ayent les mains bien lavées, tous les jours, le visage, au moins deux fois la semaine; qu'ils soyent peignés journellement, et que les dortoirs ainsi que les lavoirs soyent tenus proprement.

Art. 7. A cinq heures et demie, en été, et, à six heures, en hyver, les maîtres et maîtresses feront prendre aux enfants leurs places ordinaires dans les ouvroirs, pour commencer leur travail.

Art. 8. Les repas sont fixés, savoir : en été, le déjeuner à sept heures, le dîner à onze heures, le goûter à quatre et le souper à huit; en hyver, le déjeuner à huit heures, le diner, le goûter et le souper à pareilles heures qu'en été.

Art. 9. Les maîtres et maîtresses observeront les enfants, afin qu'ils prennent honnêtement leurs repas, et que chacun ait sa portion; le dîner sera suivi d'une demi-heure de récréation.

Art. 10. Aucune fille ne sera admise, en qualité de servante, qu'elle n'ait atteint l'âge de vingt ans, et n'ait demeuré à l'hospice au moins pendant un an à y être exercée dans tous les emplois de la maison. La commission met toute sa confiance aux sœurs dans le choix qu'elles feront.

Art. 10. La sœur, préposée au soulagement des malades, suivra le médecin dans les visites qu'il fera; elle aura la plus grande attention que les remèdes, par lui prescrits, soyent administrés dans les temps et conformément à son ordonnance.

Art. 12. La sœur supérieure ne souffrira pas qu'aucune personne visite les malades, excepté les père, mère, enfants, frères, sœurs, oncles, tantes, neveux ou nièces, mais alors en la présence d'une sœur, à moins qu'il n'y eût permission expresse de sa part.

Art. 13. Elle ne permettra pas non plus que l'on apporte du dehors de la maison, du vin, de l'eau-de-vie, de la bierre, ny aucun comestible aux malades, soit civils, soit militaires qui ne pourront s'en faire apporter sans sa permission.

Art. 14. Les portiers ou portières prendront journellement les clefs chez la supérieure, à..... du matin et les rétabliront à..... du soir ; ils demeureront assidus près de la porte qu'ils tiendront fermée, ne laisseront sortir aucun pauvre ou domestique, sans la permission de la sœur supérieure, et veilleront à ce que l'on n'emporte rien de la maison.

Art. 15. Ils n'auront aucune intelligence, ni au dedans, ni au dehors de la maison, et s'ils étaient reconnus favorisant quelque mauvais projet ou action, ils seraient, pour la première fois, déposés de leurs fonctions, pendant huit jours, et, en cas de récidive, renvoyés de la maison.

Art. 16. Si quelque pauvre s'obstinait à sortir, et faisait ferme au portier ou à la portière, il serait renvoyé.

Art. 17. Si quelque pauvre est reconnu mendier par la ville ou qu'il rentre à l'hospice dans un état d'ivresse, la supérieure lui interdira la sortie. »

www.ingramcontent.com/pod-product-compliance
Lightning Source LLC
Chambersburg PA
CBHW070249290326
41930CB00041B/2255